クリエイター

フリーランスハック

freelance hack

Cross Effects
金泉太一 著

インプレス

はじめに

　近年のコロナ禍や副業解禁などの動きを受けて、フリーランスの人口は年々増加傾向にあると言われています。もちろん増加背景には、働き方の多様化、デジタルコンテンツの増加、テクノロジーの進化などもあるでしょう。クライアントとなる企業も、フリーランスを活用することで、より専門性の高い知識や経験のある人材をうまく確保できるということもあり、フリーランスに対しての理解度向上や、活用が積極的に進んでいるように見受けられます。
「自由な労働形態に憧れて」「より多くの収入を得たい」「組織に属したくなかった」など、フリーランスを目指す動機はさまざまですが、しかし当然フリーランスにはデメリットやリスクも存在します。
　社会保障や信用面においては、会社員と比べると著しく違いがありますし、制作スキル向上だけではなく、経営や経理、広報など多方面での学びなども必要です。

　本書では「本業フリーランス」の視点を中心に、私がこれまで培ってきたノウハウや、伝えたいことをあらゆる角度で紹介しています。ときには苦しみながらも楽しくフリーランスを続けてこられた理由には、もちろんスキルを高めたり、発信力を強めたりという努力もありますが、それらは最低限やらなければいけないことであって、特筆するほどではありません。ほかの人との差を付けられたと感じる部分、クライアントから選ばれ続けてきた部分というのは、本書で紹介しているような意外と小さな気づきの積み重ねのように感じます。

　この書籍に記載していることを実践する＝フリーランスで長期生存、ではありませんが、きっとその可能性は間違いなく高められると思います。皆様にとって少しでも役立つものになっていれば幸いです。

CONTENTS

第 5 章　クリエイティブ系フリーランスの お仕事年表

第 6 章　これからどうなる？　フリーランスの未来

第 **1** 章

フリーランスってどうなの！？
12年目のクリエイターが
実態教えます

第1章ではフリーランスの現状と、具体的にどういう働き方なのかを紹介します。またメリットやデメリットについても知っておきましょう。

フリーランスって
どんな働き方？

太一先生：フリーランス歴 12 年。フリーランスの
受注戦略などさまざまなノウハウを教えます。

健太：駆け出しのフリーランス。仕事獲得に
向けて奮闘中だが悩みや不安が尽きない様子。

 独立したので自分がフリーランスというのは分かって
いるんですが、そもそもフリーランスの定義ってある
んでしょうか？

フリーランスの定義はさまざまです。近年フリーラン
スという働き方を選択する人が増えていますね。その
背景も含めてお話ししましょう。

フリーランスの背景

コロナ禍に在宅ワーク需要が急増し、多くの人がこれまでとは違った働き方を経験しました。ほんの数年前までは対面での打ち合わせが基本だったことが思い出せないほどに、テレワーク環境などに対する人々の理解度も増し、昔から理想論とされていた、**「好きな事で、好きな場所で働く」ということがより体現しやすくなってきている**のではないでしょうか。

かくいう私は、この変化が起きるさらに前の、東日本大震災をきっかけにフリーランスという道に進みました。東北の実家が被災をし、家族や大切な人たちが無事かわからない中で、東京の広告代理店で忙しなく働いておりました。大きなプロジェクトと重なっていたために、被災地に駆けつけられたのは、なんと災害発生から約半年後でした。

組織に属するメリットは大きいですが、縛られてしまうというデメリットを感じた故に独立を決めたのでした。

このように環境の変化やテクノロジーの進化、働き方の変化などさまざまな要因から、**フリーランス人口というのは年々増加傾向にある**と言われています。総務省統計局統計調査部が2022年に実施した調査によると有業者のうち3.1％の209万人が本業としてフリーランスを選択しています[※1]。副業の数を加えると、さらに多くの人がフリーランスという働き方をしています。

また、社会的な副業解禁の流れ、フリーランスの労働環境の保護や改善を目的とした法律が新しく施行されるという状況もあり、今後もフリーランス人口は増加していくと推測されます。

※1　出典：総務省統計局統計調査部　「基幹統計として初めて把握したフリーランスの働き方 ～令和4年就業構造基本調査の結果から～」

フリーランスの定義とは？

　ではフリーランスとはどんな働き方なのか。ざっくりいうと**「個人で仕事を請け負って仕事をしている働き方」**のことを指します。フリーランスとして働く人のことをフリーランサーと呼んだりもしますね。

　定義としては、フリーランスは開業届を出していない（出しているのは個人事業主）などいくつか個人事業主とは税務区分上の違いはありますが、本書での観点からいうと、フリーランスも個人事業主も含む、「個人で活動をして生計を立てている人」という視点から話を進めています。

　職種はさまざまで、映像制作やWeb制作、ライター、デザイナーなどのデジタルクリエイターのイメージが強いかもしれませんが、美容師や営業代行、カウンセラーなどあらゆる職種でフリーランスは存在します。

どんな人がフリーランスになれる？

　結論から言うと、**フリーランスには誰でもなれます**。なりたいと思ったその日からでも。スキルはあるに越したことはないですが、それでもあとから身に付けることもできますし、スキルのある人とパートナーシップを組んで業務をこなすというやり方もあるかもしれません。専門的な技術を学ぶ方法も探せばいくらでもあります。

　ポジティブには聞こえないかもしれませんが、さまざまな原因で会社勤めが嫌だという理由でフリーランスを選択することもできます。

　誰でもなれるのがフリーランス。しかし、当然のことながら、**フリーランスに「なること」となったあとに「継続していく」では圧倒的に話が変わってきます**。

　クライアントとのつながりがない状態で独立した場合、受注一つとっても苦労が多いでしょう。本書ではそんな方に向けて、受注戦略や継続するためのノウハウを紹介します。

僕もフリーランスという働き方を選択したものの、今後の明確なビジョンはありませんでした。だから今苦労しているという……。

何事にも継続するには目標設定やライフプランというものが必要ですね。そのあたりの話は第2章から詳しく説明していきます。

フリーランスの
メリットとデメリット

 フリーランス人口は増えているんですね。周りにもフリーランスに転身しようかと考えている人がいます。

そうですね。ただ、フリーランスにはメリットもあれば、もちろんデメリットもあります。メリットデメリット両方を知ったうえで検討するのがいいでしょう。

フリーランスのメリットとは？

フリーランスのメリットは？　と聞かれることがあります。まず私が率直に感じる**大きなメリットは、収入面**です。これは「フリーランス＝稼げる」ということではなく、会社員の固定給という概念を取り払うことができるということです。自分の持っているスキルや提供できるサービス、問題解決のソリューションを武器に、それらに価値（報酬）をいただくのは事業者としてはこのうえない喜びややりがいになるでしょう。

次に**自分の理想としているライフスタイルを構築できる**という点です。フリーランスの職種によっては、ある程度、時間や場所の縛りはあるかもしれませんが、クリエイティブ系の職種であれば、パソコン一つで好きな場所好きな時間で働くことができるのではないでしょうか。私がフリーランスになった動機である「縛られたくない」という部分は、まさにこのフリーランスという働き方によって解決してくれるわけです。

「稼ぎ」と「自由」。主にこの2つが私が一番感じているメリットなのですが、これは誰しもが抱く「理想」でしかないようにも聞こえてしまうでしょう。もちろんデメリットもあるわけです。

考え方を変えるとメリットは デメリットにもなり得る

　先に述べたメリットはそのまま逆にデメリットであるとも言えます。

　まずは収入です。基本的に固定の給料ではなく、プロジェクト単位での報酬という形がフリーランスは一般的です。よって、毎月定期的に仕事があって納品や請求書を発行できればいいですが、そうもいかず**不安定な収入になってしまうことは多いかもしれません。**また保険なども個人で加入しなければいけないため、出ていく経費も会社員のそれとは大きく異なってくることでしょう。それでいて**社会的信用度は会社員と比べるととても低くなります。**つまりフリーランスはお金の不安定さに加えて信用も低いので、それを補うくらい収入を多くして、備えていたほうがいいでしょう。

　次に自由という面についてです。私は長年かけてある程度理想としている働き方を実現することができたわけですが、ほかの人から見たらそれは果たして自由と呼べるのだろうか、という議論が起きるかもしれません。毎日海辺を散歩したり、おしゃれなカフェで作業をしたりと、その観点からはストレスが少ないのかもしれませんが、**裏を返せばいつでもどこでも働ける環境にいるので、働き詰めとも言える。**この自由という観点が人それぞれある価値観の中でどう解釈されるかで、メリットにもデメリットにもなり得るわけです。

想像と違う！？
フリーランスの厳しい現実

フリーランスを始めましたが、想像していたよりもなかなか厳しいと感じています。

そうですね。フリーランスはあらゆる業務を1人で行う必要があるので、特に慣れないうちは自分の本領を発揮するのが難しいかもしれません。

スキルを磨いたら稼げる？

　フリーランスになるために日々スキルを磨くのは大事ですが、「スキルがある＝仕事がいっぱい」という考えは危ないかもしれません。**フリーランスとは自分というブランドやサービスを展開する、いわば一人社長のようなもの**なのです。

　もちろん会社には社員がいて、営業や経理、広報などそれぞれ役割を担った人がいて、組織を円滑に回してくれます。一人社長であるあなたは、営業も考えなければならないし、入金管理など経理業務もしなければいけません。当然自分という船の舵取りという社長業もしなければいけないのです。スキルを磨きつつ、自分のことも知ってもらいつつ（広報）、提案（営業）もしていかなければならないのです。

　スキルに特化して業務を遂行していきたいのであれば、そのほかの業務を誰か（代理店など）に委託できればそれでいいのかもしれませんが、その仕組みを考えたり判断したりすることこそ、社長業とも言えるでしょう。

フリーランス全体の業務内容

　私は映像制作をベースに事業を行っていますが、その分野での業務をざっくりとご紹介します。

　まずは打ち合わせが一つのプロジェクト中に何度もあり、企画相談から提案やプレゼンなどを行います。そのあとは撮影や編集といった作業がしばらく続きます。無事に納品できたとすると、これで「映像制作」と言う部分では完了ですが、「フリーランス」という枠で見るならばこれだけではありません。この次は請求書の発行や入金確認などの経理処理、またクライアントにリピートを促すために、次なる提案書や企画書を作成したり、今後目標に向かって進むにはどのような舵取りをしたらいいかといった経営戦略を考える部分なども含まれます。場合によってはトラブル対応なども入ってくることでしょう。

　このように、**「制作」という面は業務全体の一部にしかすぎず、それ以外のところの「その他業務」のスキルや経験値もフリーランス生存戦略にはとても大事**になってくるわけです。

　こういったこともフリーランスが開業から10年未満で廃業する率が高くなっている理由にあたると思います。

■フリーランスは一人社長

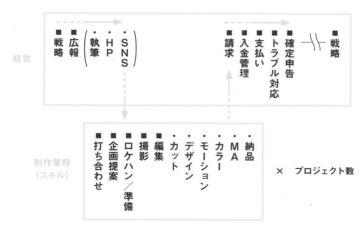

経営

| ■戦略 | ■広報（・執筆 ・HP ・SNS） | ■請求 ■入金管理 ■支払い ■トラブル対応 ■確定申告 | ■戦略 |

制作業務
（スキル）

■打ち合わせ ■企画提案 ■ロケハン/準備 ■撮影 ■編集・カット ・デザイン ・モーション ・カラー ・MA ・納品　×　プロジェクト数

本業フリーランスと副業フリーランスの違いを考えてみよう

> 副業でフリーランスを始める人も多いですよね。

> 最近増えてきていますね。皆さんの周りにも会社員でありながら別の仕事に従事している人は結構いるのではないでしょうか。

本業フリーランスと副業フリーランス

　本業フリーランスについては、当然それを本業として生計を立てているということなので、ビジネスとしてしっかり向き合っていかなければなりません。必要とされる技術を磨くのも当然ですし、コミュニケーション能力や提案力、判断力などさまざまな要素が重要になってくるでしょう。そういった本業フリーランスとは別に、最近では副業フリーランスという働き方をする人もとても増えています。副業フリーランスは基本的に本業が別であり、それとは別の目的から副業フリーランスとなり、仕事を受託して活動をしています。

　副業フリーランスの目的と言えば、やはり本業にプラスアルファの収入を得たいというのが一番ではないでしょうか。
　しっかりとやり方やテクニックを身に付ければ、5万や10万など本業とは別に稼ぐことが可能かもしれません。

しかし**本業とのバランスを計ることがとても難しく、本業に影響してしまっては本末転倒**です。ほかにはスキルアップにつながるという面や、独立の手がかりになるという見方も世間的には言われているようです。

 本業とはまったく異なる分野で、自分の趣味を活かしたいという人も多そうです。月に数万円であっても、好きなことで稼げるなら嬉しいですよね。

そうですね。ただし副業フリーランスから本業フリーランスへのシフトを考えるなら、しっかりとした人生設計やリスクなども考えておく必要があります。

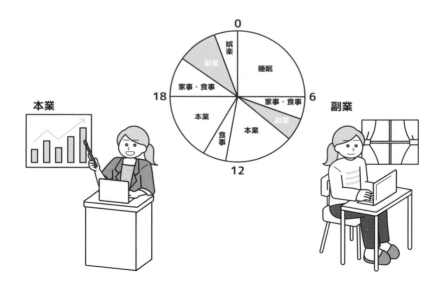

副業フリーランスから本業フリーランスへの シフトは難しい？

　副業フリーランスから本業フリーランスへの転身を考えている人もいるでしょう。副業の収入が明らかに副業の域を超えて稼げるようになる人は大勢います。そういう観点からは副業から本業としてフリーランスの道に進むことも可能だと言えます。

　しかし、一度考えてみてほしいのは、その副業という軸についてです。副業でできることというのは、概ね**プロスキルなどといったことではなく、ある程度学べば「誰でもできる」といったニュアンスの作業が多い**と思います。いくらでも替えがきく可能性があるということですね。言葉はややこしいかもしれませんが、副業の世界にも「副業のプロ」と呼べるような強い存在はいて、作業の効率や生産性を上げたり、インフルエンサー業をすることで多くの副収入を得ています。そういった人は今まで努力して構築した仕組みやコネクションがあれば本業へのシフトも可能だと思いますが、初めから「替えがきく仕事」という内容ではややリスクが伴うのではないでしょうか。

　本業フリーランスがみなプロスキルを持っているかと言えば、そうではないこともありますが、本業はメイン事業としてさまざまなことを人生レベルで包括的に考えなければいけません。副業フリーランスはその仕事をこなせればいい「社員」だとするなら、本業フリーランスは全体の経営をしていかなければいけない「社長」という感覚で考えると、副業フリーランスから本業フリーランスへのハードルは高く、その道を検討するのであれば、よくよく考える必要があると思います。

第  章

フリーランス1年生
10年先を見据えた
ブレない土台を作ろう

いざフリーランスの道に進むことを決めても、最初
のうちは何からすればいいかわからないものです。
土台作りの1年と考えて目標設定やスキルアップの
方法を検討していきましょう。

10年間決してブラさない！
理想的で恥ずかしい10年妄想を作ろう

フリーランスになってみたものの、自分の活動や方向性がこれであっているのか悩んでばかりです。

もちろん目先のゴールは大事だけど、もっと長期的な俯瞰の目線で目標を考えることもとても大事ですよ。

フリーランスは自分という船の舵取りを
しなければいけない

　フリーランスをある程度続けていると、必ず言っていいほど、「自分は将来どうなっていたいんだろう？」「このまま同じ状況がずっと続くのかな？」といった将来への不安が付きまといます。駆け出しのフリーランスは目まぐるしく動く日常や仕事に追われ、長期的なスパンでの俯瞰した目線ではなく、短期的な目線で自分の行動や判断を決めてしまいがちです。「果たして自分はこれを今すべきなのだろうか」「どういった活動や仕事をしていくべきなのか」**これらの判断の根幹を担ってくれる長期的な目標設定をすることがとても重要**です。

目標は自分の理想を詰め込んだ 10年妄想を作る

10年後の目標を考えましょうと言われても、10年先の自分の姿なんてまったく想像できないと感じる人がほとんどだと思います。仕事に追われて忙しすぎる人もいれば、逆に仕事があまりなくて不安な日々を過ごしている人もいるでしょう。そういった状況の人達に10年後の目標を書いてくださいと言っても漠然としたことしか書けず、その目標はいつしか忘れられて捨てられてしまうかもしれません。

ですので、私がここで設定したのは、とにかく**10年後にこんなワークスタイル、ライフスタイルを送っていたいという「恥ずかしいまでの理想形を事細かに妄想して記載」する**ことでした。駆け出しの今の自分からはかけ離れた、書くのも言うのも恥ずかしい大それた内容でいいのです。

そしてその恥ずかしい10年妄想は、たとえばGoogle Keepやメモツールなどに保管して10年間必ず削除しないでおきましょう。

また一度理想とした妄想は絶対に下方修正してはいけません。10年経つ前に叶えてしまいそうという場合だけ上方修正をしましょう。

この理想を描く力（妄想力）が強ければ強いほど、自分が判断に迷ったときに進むべき道標となってくれるはずです。だからこそ、できる限り曖昧ではなく具体的に書くことを意識してみましょう。

次のページでは、私が当時描いた10年妄想を紹介します。今考えると恥ずかしい部分もありますが、現在の自分につながっている大事なことだったと思います。

TIPS 10年前に掲げた壮大な10年妄想

　私が駆け出しの頃に掲げた10年妄想を紹介しましょう。妄想ではありましたが、着実に実績を積み重ね、結果的に3年後には上方修正することができました。

＜3年目までに＞

- ・年商1000万円
- ・セミナーや講習会などを企業から依頼されるようになる
- ・社会貢献度の高いコンテンツ制作を自分のサービスとして始める
- ・海外でのプロジェクトを任されるクリエイターになる
- ・犬を飼う！（犬と住める家探し＆ライフスタイル作り）
- ・雑誌やメディアに出る（専門誌）

＜5年目までに＞

- ・海が見える（すぐ行ける）場所を拠点にする
- ・年商2,000万円。そして一緒に活動するパートナー（フリーランス）を5名作る
- ・クリエイターを育成するスクールやコミュニティを運営する。そこで育てた優秀なクリエイターに仕事を回せる仕組みを作る
- ・制作の平均単価を50万円とし、未満のオーダーはクリエイター育成のコミュニティで監修しながら対応できる仕組みを作る（制作と教育のハイブリッド）

＜10年目までに＞

- ・自分の書籍を出して印税に生活を助けてもらう
- ・40才になる前に将来を考えて資産価値の高い場所に家を買う
- ・10年先も走れるようにもっと体力と健康に気をつける
- ・制作ばかりに時間をかけずに、視野を広くするために自分の時間を大切にする

夢は「叶わない条件」さえわかれば、叶え方がわかる！

本当に恥ずかしい思いをしましたが、なんとか10年妄想（目標）を書いてみました。でもこれ本当に叶うんですかね？

大丈夫！　条件さえわかれば絶対に叶います。でもこの条件がなかなかクリアできなくてみんな夢を儚いものと捉えてしまうのかもしれないですね……。

目標がブレると夢は絶対叶わない

　まず夢を叶える方法の前に、絶対に叶わない条件を紹介します。それは**目標（軸）がブレること**です。有名な話に、「人生の目標設定をカーナビに例える」というロジックがあります。カーナビは目標地点を設定すれば、たとえどんなにあなたが寄り道をしたとしても、そこからの目的地への行き方をリルートしてくれますよね？　あなたが途中でアメリカに行こうがブラジルに行こうが、そこからでも家への帰り方を教えてくれます。

　しかしそれが叶わなくなる瞬間というのは、**設定した目標地点を動かしてしまったとき**なんです。こうなってしまっては当然、当初予定していた目標は達成できず、夢が叶わないという話につながってしまうのです。

タイムマネジメントが鍵になる

　では目的地は絶対にブラさないという強い信念を持つと決めたとして、次に**夢を叶えることの阻害になってくるのがタイムリミット**です。タイムリミットがなければ、どんな大きな夢も叶うかもしれませんが「20代のうちしかできない」「10年しかこの仕事ができない」といったリミットがある場合もあるでしょう。

　つまり何が言いたいかというと、**ダラダラと夢を追いかけ続けられるわけではない**ということなんです。カーナビの理論はとても強力ですが、弱いのがタイムマネジメントです。「〇〇へ行きたい、でも途中でたくさん寄り道します」だけなら叶いますが、それに加えて、「お昼までには到着したい」という時間設定が加わるとどうなるでしょうか？突然理論が破綻してしまいます。

　しかしそれでもこの組み合わせがパワフルなのは、ここでいうカーナビが人間の脳にあたるからです。つまり、目標をブラさなければカーナビよりさらに柔軟に「では寄り道箇所を1つ減らして目的地到着を優先にしましょう」とリルートできるのです。目標をしっかりと定め、そこだけはブラさないことが夢を叶えることにつながります。

　いかがでしょうか。これが私が恥ずかしい長期目標を設定することをおすすめする理由です。

独学の美学？？タイムマネジメントを考えるなら指針となる師匠を探すべし！

一から独学でやりました！　ってなんかかっこいいですよね！　自分もそういう努力家になりたいです！

わかります。でもさっきの10年目標やタイムマネジメントの話を考えるなら、指針となる師匠（メンター）の存在は圧倒的に大きいと思いますよ。

なぜメンターが必要？

　夢を叶える方法（叶えられない方法）がなんとなくわかったとして、これから先、さまざまな状況下で柔軟に舵取りを行っていくためには常にタイムマネジメントを意識しなければいけません。もしあなたがYouTubeや学校で一から勉強をして、すべて独学で試行錯誤をしていては、その設定したタイムリミットに間に合わなくなってしまうかもしれません。そんなときに良き相談相手になってくれる人のことを「メンター」と言います。あなたが目指す分野について助言や指導してくれるメンターという方々は、あなたよりも先に試行錯誤を行っていて、それに基づいて結果を出せている存在です。つまりあなたが**最短で結果を出したいなら、そういったさまざまなメンターを探すということが大きな近道**になります。

　職業によってはメンターよりも優れた作品との出会いなどのほうが勉強になることがあるかしれません。しかし、何か迷ったり悩んだりしたときに相談できる人がいるというのは心強いものです。

どういうメンターを探すべき？

　メンターと一言で言っても当然いろいろな人が当てはまるかと思います。あなたが活動してる分野の技術で尊敬できるメンターがいれば、人生や生き方の指針としたいメンターもいるでしょう。

いいメンターの探し方

　自分が理想としてる働き方や成功を収めているメンターを探すのはなかなか難しい作業かもしれません。たとえば今の時代はYouTubeなどでたくさん学習したり、理想的な働き方をしている人を探しやすいかもしれません。

　しかし、その方々は「あなた」という特定の存在ではなくネット上に無数に存在する「その他大勢」に向けて情報発信をしています。つまり**あなた独自の悩みや相談などに目を向けてアドバイスをくれているわけではない**のです。「あなた」という特定人物にアドバイスをしてくれる人というのは、たとえば学校で出会った先生や、何かしらのコミュニティに属する人達かもしれません。オンラインよりもスケールが狭くなっていけばいくほど、「その他大勢」から「特定のあなた」へ構図がシフトしていくのでメンターに出会いやすくなると思います。

あなたに寄り添ってくれるメンターなのか

たとえばYouTubeなどSNS上で発信している人達はあなたにとってとてもキラキラと光って見えてしまうことでしょう。なぜなら発信者は当然自分自身に権威性を持たせて発信したり、憧れや尊敬を抱いてもらえるように発信努力をしているからです。しかし直接関わりがないと、その努力を知らずにうわべの情報だけを捉えがちになり、もしかしたら誤った判断をしてしまうかもしれません。

メンターを探すときに重要なのは、メンターがあなたにくれるアドバイスにどれくらいの裏付け（責任や信頼）があるかどうかを見極めることです。たとえば「フリーランスになるかどうか」というあなたの悩みに対して「やりたいならやりなよ！　**知らんけど**」という責任回避が透けて見える場合と、「やりたいならやりなよ！　**もし失敗したら一緒に仕事をサポートしてあげるから**」という心強い言葉がある場合。どちらがあなたに寄り添ったアドバイスをしてくれているかで大きな差が生まれます。

 TIPS 自分が将来的に誰かのメンターになることも意識しよう！

フリーランスでキャリアを積み重ねていくと、いずれ誰かから質問や相談をもらったりすることも増えてくることでしょう。

これまでは自分がメンターから学ぶ（インプット）側だったのが、自分がメンターになることで、後輩にアウトプットできるようになります。アウトプットできるようになると、これまでの学びがしっかり身に定着しますし、何より一緒にやりたいという仲間も増えていきます。

同時に仲間からのお仕事依頼も増えてくるでしょう。メンターとして存在し続けるために、活躍し続けなければいけないなどと自分を律することができるのもメリットの一つかもしれないですね。

有料がいい？無料がいい？
自分に合った学習方法を考える

 スキルアップの必要性を強く感じてるんですけど、無料のYouTubeと有料の学校どっちがいいんでしょう？

まずはしっかりと目的や、それぞれのメリットデメリットを認識してみましょう。そのうえでどちらが自分に合うのか見極めましょう。

目的によって選択肢は変わるはず

　たとえば前ページのように、あなたがスキルアップの学習に加えて、メンターを探しているという目的があったとしましょう。

　26ページで説明した通り、メンターは学校やコミュニティサロンなど、**クローズド環境であればあるほど特定の「あなた」にフォーカスされていくので、出会える確率が高くなります。**「メンターに出会う」を目的とするのであれば、あなたが今置かれているシチュエーションや悩みなどを相談しやすい環境として学費を払って通う学校のほうがおすすめです。YouTubeなど無料のサービスのほうが学びのコンテンツ数が圧倒的に多いので、そのほうが自分に合っているという場合も、もちろんあります。

有料と無料、それぞれのメリットデメリット

使い方や目的次第で有料と無料のどちらをどう使いこなすかという話だと思うので、それぞれのメリットや違いを明記してみましょう。

有料（学校やコミュニティなど）
・あなたへのフォーカス度合い→高い
・メンターの存在
・体系的に学べる
・一緒に頑張る仲間ができる

無料（YouTubeなどのSNSやWebコンテンツ）
・いつでもどこでも無料で学べる
・最新のアップデートがいつでも見られる
・情報量が圧倒的に多い

もちろんこのほかにも無数の違いはあると思います。これらの逆がデメリットとして存在するということですね。

一つ別角度で話すとしたら、有料と言っても金額の幅にもよるということはあるかもしれませんし、必要とされるスキルレベルの違いによってもこの話はガラッと変わるでしょう。

たとえば仕事で受注できる金額単価が数万円程度のポテンシャルに対して何十万円の学校というのは確かにこれらのメリットを揺るがすほどダメージに感じるでしょう。

ネットで学べる程度のスキルしか必要ないのに学校に行ってもコスパが悪いかもしれません。ですので、一概にどちらがいいというのは、やはりその人それぞれになってしまうというのが答えになるのではないでしょうか。

頭の中の引き出しが増える！
学習のコツ

自分は今学校に通うお金がないので、しばらくはオンラインコンテンツで学ぼうと思います。学習のコツはありますか？

無料コンテンツで学ぶのも全然OKだと思います！
有料無料関係なく学習のコツがあるので説明しますね。

自分の頭の引き出しに
スキルが収まっていない現象

　私は学校でも講師として活動をしているので、そこで数えきれない多くの生徒さんと話をしてきました。基本的に学校に通っている人はYouTubeでも並行して学んでいることが多いです。つまり有料無料両方を駆使して学んでいるわけですね。コンテンツ数としてはかなりの量を学んでいるわけですが、その方々に「じゃあ今まで学んだ技術を使ってオリジナルで何かを作ってみよう」と課題を出してみると、急に手が止まることが多いのです。

　ここがクリエイティブ系の難しい部分だと思いますが、**今まで学んだことが自分の引き出しの中に収まっていない**、あるいは収まっているけど、**インスピレーションとして引き出しを開けられない**、といった現象が起こりがちなんです。YouTubeなどのコンテンツはその現象がより起こりやすいと言えるかもしれません。

引き出しに収まりにくい理由とは？

たとえばあなたが、クライアントワークをしていて、なかなか修正をクリアすることができず表現に悩んでいます。そんなときに新たに出会った表現を採用して作り方を学んで作品に落とし込んだところ、無事に納品にありつけたという背景があったとします。こういう背景は活動していれば一度はあるんじゃないでしょうか？

ここで出会った新たな表現というのは、割と根強く自分の中にずっと収まり続けて、何か別のものを作るときもこの表現が無意識に出てきやすくなります。

これは、**学んだ際の背景（ストーリー）や記憶がインスピレーションの引き出しの数につながっているから**ではないでしょうか。悩んで悩んで最終的に結果を出せたという強い記憶が、学習した内容を引き出しやすくさせているわけです。

逆にいうと、いつもと同じ環境で、ただ聞くだけ、見るだけ、模倣して作ってみるだけだとどうしても頭の引き出しに収まりづらく、引き出すことも難しいのです。

引き出しが増える学習のコツは？

学習のコツはいくつかあります。まずは学んだ内容をそのときのシチュエーションごと記憶する方法です。

つまり、「学び」だけではなく、「なぜそれを必要として学んだのか」や、「誰に教わったか」「そのときの思い出」など**別要素をプラスアルファとして加えることができれば、ただなんとなく学んでいるよりも圧倒的に自分の引き出しに定着しやすくなる**のではないでしょうか。

しかし、これを意識的に毎回やるのはなかなか骨が折れる作業です。

私は仕事する環境を日によって変えることがあります。カフェやコワーキングスペースなど、制作環境を変えることで気分転換にもなりますし、そのとき学んだことや仕事の内容などもシチュエーション込みで覚えやすくなります。

　また制作した作品をSNSにアップロードするなどして、きちんと**アウトプットするというのもとても有効な手段**です。アップロードした作品を見返すことで振り返りにもなりますし、ほかのユーザーからの反応も見られるからです。「この作品すごく素敵です」「どうやって作ったんですか」といったコメントをもらえることも記憶に結びつきやすくなります。

　日々のタスクに追われていると、頭の中はそのタスクでいっぱいになってしまいます。無理に暗記するのではなく、簡単にできる学習のコツを取り入れて、引き出しの数を増やしたり、それを引き出しやすくしたりしていきましょう。

大企業と戦うの！？
自分が戦うべき輝けるポジションを探ろう

> SNSとか見てるとすごいコンテンツがいっぱいで毎回挫けます。こんな凄腕ライバルがいっぱいでやっていけるんでしょうか…。

> 確かに上を見たらキリがないですよね。
> でもそれは自分が戦うべきフィールドが見えていないからこそ起こる当然の不安なんだと思います。

自分が輝けるフィールドを探そう

　フリーランスになりたての方々と話をしてみると、とにかくポジショニングを選定せずに、がむしゃらに勝負して無理しがちな人が多いように感じます。たとえば映像分野であれば、「映画のようなハイクオリティ」などという文言を多く見かけます。もちろん悪いことではないですし、事実映画風に感じられる質感の表現方法はオンライン上にたくさんあり、人気の表現なんだと思います。

　しかし「映画のようなハイクオリティ」の作り手を考えてみると、実際に映画制作から独立した人もいれば、キャリアの長い百戦錬磨の人もいることでしょう。フリーランスになりたての人とはキャリアも違う、使ってる機材や編集技術もすごい差があります。なぜそこの分野であえて戦いたいのかをしっかりと考えるべきだと思うのです。

フリーランスになりたてだとしても、ポジショニングをしっかりとやれば、必ず輝けるフィールドが見つかります。

フリーランスに企業が求めることを探る

大事なのは、**フリーランス1年生のあなたが企業にとって、どのように役に立てるのかという観点**です。スキルがあることを誇示したい気持ちは十分にわかりますが、果たしてあなたは映画風に加工できるプロ級スキルを求められているのでしょうか？　映画のような表現であれば、もとよりそういった制作に強い制作会社に頼んだほうがいいですよね？

自分のポジショニングを背伸びをして「プロ級」としてしまうことで起きるデメリットもあります。

仮に制作会社ではなく「あなた」にプロ級の仕事を求められるとしたら、そこには一つ「制作会社よりも格安で」などといった条件が付いてしまうことでしょう。単価を下げないと受注できないという事実、これはポジショニングが間違っている可能性があるのです。

何年も修行を積んで、そういった強い制作会社と個人でも戦えるようになるフリーランスを目指すのももちろん素敵ですが、キャリアも技術も駆け出しの頃は、自分の力量を見極めてしっかりとポジショニングすることが大切です。

より細かいケースで
自分のPR方法を考えよう

　プロの制作会社は社員にお給料を払わなければいけないですし、十分な利益を確保しなければ存続できません。そのため、仮に20万円以下のプロジェクトはお受けできない、という会社があったとしましょう。では20万円以下のお仕事を発注したいクライアントは、どうしたらいいのでしょうか。もしかするとそこはあなたが大暴れできる素敵なフィールドなのかもしれません。

　クライアントが求めているのはハイクオリティな作品ではなく、会社の雰囲気が伝わるホームビデオのような作品の可能性もあるわけです。そこを自分のフィールドだと定めるならば、「駆け出しだけど、制作会社に依頼できないようなライトな案件も受け付けます。気軽にご相談ください」といったPRができますね。これは自分を安売りしているわけではなく、クライアントが求める「20万円以下の仕事」に自分が合致しているということをしっかりアピールできているということなのです。

　「プロ級」と伝えてハードルを上げるよりも、対応力やレスポンス力、信頼や責任感などといったことのほうがクライアントはありがたいと感じる可能性はあるのです。この話は映像制作者である私が日々感じていることなのですが、イラストレーターやライター、ほかのクリエイターにも同様のことが言えると思います。**自分のキャリアや技術だけでなく、得意なテイストなどを見極めて、輝けるフィールドを探してください。**

　映像の世界では絵コンテの需要があります。たとえばイラストレーターさんであれば、ここで「プロ級クオリティで高単価」ではなく、むしろ「ラフな感じで絵コンテも書いてあげますよ」と言ってくれたら、たくさんの困っている映像系のクリエイターが飛びつくことでしょう。

TIPS 町の動画屋さんというポジショニングで 成功した話

　私がフリーランスで独立して最初の三年目くらいまでは、自分のことを「プロの映像制作者」ではなく、「町の動画屋さん」としてPRやブランディングを心がけていました。きっかけは、とあるwebメディアに出演のご依頼をいただいたときに、インタビューで自分自身のことを聞かれたことが始まりでした。

　もともと私は、映像に出演するパフォーマーから、映像を依頼するクライアント、そして制作に携わる広告代理店と多方面に携わっていたのですが、長年映像制作の現場で働いていたプロ製作者ではありませんでした。

　そのため、自分をプロの製作者とブランディングしていくと、必ずと言っていいほど制作会社と競争になっていました。

　私は当時プロキャリアではないのになぜプロ（制作会社）と勝負をするのだろうと違和感を感じていました。そんなときにWebメディアからインタビューを受け、ハッと気づいて、「今後は『町の動画屋さん』という位置付けで映像コンテンツで困っている人達の力になりたい」と答えたのを覚えています。

　自分が現段階で戦えるポジションはここだと気づいてからは、アプローチするべき場所なども見えてきたために、一気に話がスムーズに広まり、このコピーができたおかげで紹介が圧倒的に増えました。

　現在はこのポジションで活動はしておりませんが、自分がフリーランス活動でつまずいているのであれば、どこで戦えるのかをしっかりと見つめ直してみましょう。自分でわからなければ、誰かに話を聞いてもらい客観的に見てもらうのもヒントになると思います！

フリーランスだからこそできる「プラス1」戦略

なんとなく自分がやりたいポジショニングが見えてきました。ほかに最初の段階で意識していたことはありますか？

もちろんいっぱいあります！　でも難しい戦略を考えるよりも、もっともっとフリーランスならではのテクニックを知ることの方が役立つこともありますよ！

おもてなしを意識した「プラス1」戦略

　私が今でも常に意識している、フリーランスだからこそできる大きな力を発揮するマインドを1つ紹介します。それは**「プラス1戦略」**です。これは私がそう呼んでいるだけですが、効果は絶大だと感じています。

　それは何かというと、**自分が行うことすべてに対して、必ず何か1つを加えたプラス1でパフォーマンスするということ**です。たったこれだけです。たったこれだけですが、組織になればなるほど難しいパフォーマンスなんです。

　それはなぜかというと、このプラス1戦略というのは、自分の時間や労力を多少犠牲にしてしまう、いわゆる「おもてなし」に近い部分があるからです。組織であればあるほど、作業の分業や効率化の仕組みなどが作られているため、1人の社員が何かプラス1をエンドクライアントに行うということはなかなか難しいです。

しかし、フリーランスは直接クライアントとやり取りができます。あなたの意思やレスポンスをダイレクトにクライアントに反映できるからこそ、このおもてなしともいえる「プラス1戦略」が有効なのです。

簡単だけど効果絶大なプラス1

たとえば受注内容通りのコンテンツを作成できたとして、これはとても仕事としては素晴らしいことです。しかしこれではクライアントの期待通りの「100点」なんです。しかしプラス1戦略を意識すると、ここからプラス要素を加えて「120点」に引き上げられるんです。

100点の場合は予想通りの「ありがとう」をもらえますが、仕事としては当たり前のことです。記憶に残りません。**それを上回るありがとうには「サプライズ」の要素が必要**です。このサプライズに大きさは関係ありません。小さなサプライズでもいいのでとても簡単ですね。予想していなかった小さなプラス1でも相手にとっては予想外からの提供になるので、期待を超えた感謝を感じます。つまり**小さくても大きなインパクトを残すことができる**んです。

前置きが長くなりましたが、具体的なプラス1とはどういうものなのか。たとえば短納期のイラスト受注で、今週の金曜日には欲しいという話があったとします。そして週明けにはコンテンツを公開したいという予定の話です。クライアントは短納期で申し訳ないと思っています。

ここでの100点パフォーマンスは金曜までにしっかり間に合わせることですよね？　もしこれに私がプラス1を検討するならば、金曜ではなく、なんとか木曜までに提出します。そうすることで、クライアントは週末休暇を犠牲にすることなくコンテンツチェックを入れられますし、何よりシンプルに、完全に想定外の対応になるので、「予想外のありがとう」になるわけです。これは同じパフォーマンスでも相手にとっては大きな印象の違いになりますよね。成果物以外のところで評価基準ができる戦略なので、フリーランスになりたての頃から実践できます。

フリーランス1年生のSNSとの
向き合い方

 すごい人たちはやっぱりSNSでたくさん作品や情報を発信してますよね。私もそうすべきしょうか？

 SNSはフリーランスにとってはものすごく強い武器であることは間違いないです。ただ、フリーランス1年生でSNSから受注できるのかというと難しいかもしれません。

SNSは重要だが、期待しすぎてはいけない

　SNSはフリーランスにとって無料で自分の存在を世の中に知ってもらうための最強のツールと言えるでしょう。当然やるべきだと思います。しかし、フリーランス1年生のようなこれからの人たちが、自分の作品などを発信して、自動的にお仕事が舞い込んでくるような「24時間営業代行システム」を構築できるようになるのは、難しいかもしれません…。

　もちろんそのシステムはフリーランスなら誰もが憧れる最強システムだと思います。私も独立時からずっとYouTube発信を続けており、15,000名ほどの登録者を獲得することができました。その結果、教育関連でのオファーや、出版、大手有名企業のインハウス立ち上げ顧問など、思いもしなかったさまざまな恩恵をいただきました。しかし、初年度からこれを期待してはいけないよという話なんです。

クライアントの目線で考える

　32ページで、学習のコツとしてSNSへアップロードすることでアウトプットできるという話をしました。このように作品のアップロードは行ったほうがいいと思っています。しかし、フリーランス1年目でどれだけ作品をアップできるでしょうか。アウトプットのスピードは職種によっても違うので、一概には言えませんが、わずかな作品のみで仕事が舞い込んでくるということはまずありません。そしてたくさんの作品をSNSに並べたり、権威性を示すために情報発信したりしても、個人で仕事を請け負ったという実績が少なければ、仕事にはつながりにくいのです。

　これはクライアントの立場になって考えればわかることです。実績もなければ、人物もステータスもよくわからない、まったく知らない他人に果たして仕事を任せることができるでしょうか。**ビジネスは問題解決です。見ず知らずの人に、会社の問題をリサーチしてもらい、その解決の糸口を提供してもらえるかなんてSNSから判断するのは至難の業だ**と考えます。

SNSは積極的に使ったほうがいいけど、最初のうちから仕事につながることは期待しすぎないほうがいいということですね。

仕事につながればラッキーくらいに考えておいたほうが気持ち的にも楽ですよ。

SNSはオフライン活動の補助ツールと考える

では、実績がない場合どうすればいいのか。私が考えるのは**まずは身近な人からつながっていき、その補助ツールとしてSNSを活用する**という方法です。

SNSはオンライン上のツールであって、ある程度の発信力がないとなかなか自分の存在感を示すのは難しいでしょう。ですので、まずはしっかりオフラインでの活動に力を入れるべきだと私は考えます。ここでいうオフライン活動というのは、知人やつながりのある企業などから直接仕事をいただくというニュアンスの意味です。

たとえば知り合いやメンターから、お手伝いという感覚からでもいいのでお仕事をいただいてしっかり経験を積んでみましょう。うまくいけば共同作品としてポートフォリオ掲載の許可をもらえるかもしれません。そういった**オフラインでの活動を増強してくれる補助的ツールとしてSNSを利用**してみてはどうでしょうか。「こういう仕事を今しています」と直接話したうえで、信頼度を上げるために自分のSNSを紹介する。その流れで、ある程度キャリアや実績が溜まってきた頃には、SNSのコンテンツ数も増えて充実してくるようになり、継続することで他人に対しても権威性を誇れたり、ファンも増えてくるのではないでしょうか。

私が独立した頃のSNSはFacebookがメジャーで、実名で投稿することも相まって信頼獲得や紹介などにとても役立ってくれました。まだ実績として見せられる作品もあまりない頃なので、映像制作をしているというキーワードを入れ込むことを大事にして、学習した内容をアウトプット先のプラットフォームとして利用したり、こういう映像を作りたい、こういった会社さんのお手伝いがしたいなどパッションなどをブログのような感じで発信し続けたりしていました。SNSの活用法は、70ページでも紹介しています。

安売りという蟻地獄から抜けられない。原因はどこにある！？

やっと仕事が獲得できました！　でも実績がないので低価格で請け負ってしまいました……。

できることなら安売りは避けたいところですよね。どうしたらいいか私なりの考えを伝えします！

まずは価格構造をしっかり考えてみよう

　まず前提として安売りはできるなら避けたほうがいいのですが、そもそもプロジェクトやビジネスの構造的に、単価が上げられないようなものに対して、これは安すぎると文句をつけるのは少し違う話だと思います。たとえば映像編集であれば、YouTubeなどSNSのコンテンツと、商品やサービスのPRの映像では利益構造が違うはずです。問題解決という視点において考えても、YouTubeなどのコンテンツは一本で発信者を有名にできるという極端な考えではなく、継続発信をして視聴者の心を掴むような感覚です。対してプロモーションや広告というのは、1つの映像でいかに売り上げを伸ばせるかという明確な課題があると思います。このように提示される問題の定義がまったく違えば、1本当たりの作品の価値（利益ポテンシャル）も違います。ですので、自分が請け負う仕事の内容をしっかりと考える必要があると思います。

なぜ安売りをしてしまうのか

価格構造を理解したうえで、それでもこの価格はいくらなんでも安いと感じる場合は、やはり何か対策をすべきなのかもしれません。そもそもなぜ低価格で請け負ってしまうのかざっくりと考えてみましょう。

- ・スキルや経験が少なく自信がないから
- ・クライアントの「予算がない」というフレーズに負けてしまう
- ・断ったら依頼が来なくなる恐怖から受けてしまう
- ・ボランティア意識が強すぎる
- ・楽観的に勢いで受注してしまう

など、ほかにもいくつもあると思いますが、代表的な要因はこのあたりではないでしょうか。特にフリーランスとして活動し始めたばかりの頃は安売りしがちです。修行の意味で相場よりも安く請け負うのはいいかもしれませんが、これが癖になってしまうと後々苦しむことになってしまいます。

安売りしそうになったときの対処法

まず、多くの人に共通して言える対処法としては、仕事の予算の相談がきたときに、しっかりと時間を使って考えるということです。「できる経営者は即決ですよ！」なんていう言葉に惑わされないでください。それはできる経営者ですから。その場で返答するということは実はとてもハイレベルなスキルです。依頼者は事前に予算を組んだり計画を立てたうえで相談にきますが、あなたにとってはカウンターのような突然の話なわけです。返答の準備がまったくできてない状態で話が進んでしまうので、会話の主導権は基本的に握られてしまっていると考えるべきです。

フリーランス1年生なので、「まずはスケジュールを確認して折り返させてください」「いつまでに返事をできますが、それでも大丈夫ですか？」とその場を一度つなぎ止めるようにしましょう。そのあとで、こちらから折り返すことで会話の主導権をフラットな状態にできます。

低価格で請け負ってしまう理由がほとんど当てはまるんですけど……。

そうですよね。でも大丈夫！　私も最初の頃は同じでしたから（笑）

未来の自分を描いて「No」と言えるように

　計画性を持つということはとても大事です。20ページで紹介した10年妄想をしっかり思い出してみましょう。こういうときこそ、この**長期的目標というのは軸を絶対的にブラさないための鉄則なので、自分という船の舵取りの意味で大きく役立ってくれます。**時間（労力）や報酬を加味したうえで、このプロジェクトを遂行することで、設定した「恥ずかしいほどの理想」に届くかどうか考えましょう。

　おそらくフリーランス1年生の段階で得られる報酬単価は、その理想には遥か遠い状況ということが多いかもしれません。その場合は遅かれ早かれいつかはクライアントに「No」と言わなければいけないということになります。もしそうであれば、クライアントとの親密度が高くなればなるほど、「No」と言いづらくなると思いませんか？　であるならば、早い段階で「No」としっかり言えるようになったほうがいいでしょう。

「No」と言うと何が起きるのだろうか?

　せっかくもらった貴重な仕事に対して「No」と言うのは、みすみすチャンスを逃すのではないかと恐怖を感じると思います。しかし一度考えてみてください。あなたは「価格」で勝負をしているクリエイターなのでしょうか。もし安さで真っ向勝負をしているのであれば問題なく受けていいと思いますが、基本的に安さ勝負できる人というのは、初めから資本力が高く、薄利多売に耐えられる体力の持ち主であると思います。**価格で勝負をしていない、自分の作品や人間性などの魅力でお仕事を受けたいと考えている場合は、「No」と言うことで見える世界があるはず**なのです。

　つまり「No」と言って去ってしまうクライアントであれば、あなたの安さに魅力を感じていることが証明されるので、「去る者は追わず」でいいはずです。しかし「No」と提示したうえで、価格を上げていいからなんとかお願いしたいと、カウンターオファーを受けた場合はどうでしょうか。それはまさにあなたを価格で見ていないというラブレターなので、そういうクライアントのために時間や労力を費やせるようになると双方ハッピーな関係性を築きやすくなると思います。

👆 TIPS 途中で価格を上げることはできるの?

　同じクライアントから継続的に受注していて、途中で単価アップを交渉したい場合もあると思います。しかし、これは難しい交渉かもしれません。クリエイターとしては、実績や実力が上がったから単価も上げたいという理由がありますが、クライアント側としては、その判断が難しく、これまで安く発注していたという事実があるのでなかなか納得はしてもらえません。

　もし価格交渉をするのであれば、価格が上がる理由を相手がわかる判断基準で説明したり、プラスの価値を付けたりしないと失敗する可能性があります。

なるほど、「No」と提示しないとわからないことがあるんですね……。でもやっぱり言いづらいな〜。

わかります。でも考えてみてください。安く受ければみんなが喜ぶと本当に思いますか？

安ければ受注できるというのは安易な考え

果たして本当にクライアントは安さを求めているのでしょうか？

もちろん安いに越したことはないですが、「安かろう悪かろう」ということもありますよね。「ビジネスは問題解決」と定義したとして、**「安さ＝問題解決」という方程式が成立するのであれば、安さ勝負になるで**しょう。SNSコンテンツなど、継続性が強みを増してくるコンテンツ制作の場合、1本あたりの問題解決の度合いは低くなるので、安さ＝問題解決という方程式に近づく可能性があります。

しかし安さが解決手法ではないときはどうでしょうか。**クライアントは解決できる確度が高いと感じるクリエイターを選定しますので、そこで的外れに「私は新人だから安く請け合えますよ！」と提示したところで、見向きもしてもらえない**でしょう。安さが正義とは限らないということです。

駆け出しでも強気な予算で提案できる方法

　ここで一つ私が常にフリーランスビギナーさんに提案している手法を紹介します。これは前ページの「ビジネスは問題解決」、そして「安さ＝問題解決」ではない状況で活用できる考え方です。

　まず、見積もりが欲しいという状況になった場合に、先輩やメンターに急いで費用感を確認しましょう。先輩ならいくらでお受けしますか？などといった感じにです。そのうえで、私を通して先輩に依頼するならいくらで受けてもらえますか？　とも聞いてみましょう。これで先輩が直で取引する場合と、あなたが間に入ってディレクションをする場合の2つの費用感を知ることができます。これがあなたが理想としているプロが提示している金額ということです。

つまり何が言いたいかというと、**フリーランス１年生なんだから１人で戦おうとしない**という話なのです。しっかり予算を確保できれば、先輩に制作メンバーとして加わってもらえるかもしれません。そのほうがもっといいアイデアが出るかもしれませんし、先輩のやり方を直に学べますよね。きっとあなたも先輩がこの価格なら助けてくれるからと、クライアントに対しても強気な提示ができるようになるのではないでしょうか。何度も言いますが、ここでのクライアントは安さを求めているわけではありません。「私なら（私たちなら）あなたの問題を解決できます」というオファーを待っているわけですから、それが裏打ちされた価格であったほうが喜ぶと思いませんか？　チームプレーができる仕事であればこの方法を試してみる価値はあると思います。

チームプレーの考えは
なかったです。

自分もクライアントも納得する形にもっていければ一
番いいですよね。予算に悩んだときは一度検討してみ
てください。

スカスカなステータスを埋めていく
楽しさこそ継続の秘訣！

 名刺やSNSなどのプロフィール欄に書けることがなくて……大丈夫でしょうか？

 誰だって最初は空っぽですよ！　そんなの気にする必要ありません。でもアップデートしていく楽しさは感じてもらいたいですね！

最初は誰だって何もない

　当然ですが、フリーランスになりたての頃は名刺やSNSプロフィールに書ける情報というのはほとんどありません。ましてやフリーランスで自宅をオフィスにしている場合は、自宅住所を公開したくない人もいるでしょう。そうなると余計に記載できる情報がなく、スカスカになってしまいます。こんな薄っぺらい情報の名刺やプロフィールを人に見せたところで仕事の受注につながるんだろうかと不安になるかもしれません。

スカスカのステータスをどうフォローする？

　さまざまな角度からフォローしてみましょう！　そもそも名刺って今の時代いるの？　という観点ですが、これは利便性がどうかの前に、ビジネスマナーの観点から見て作成はしておいたほうがいいでしょう。

第2章　フリーランス1年生　10年先を見据えたブレない土台を作ろう

 49

急な名刺交換で、すいません今持ち合わせていなくて、と回避することはできますが、予定されたミーティングなどで名刺を忘れましたという言い訳は損をすると思います。

　次に、今の時代は紙の名刺もデジタルコンテンツへと誘導させられるというのも意識しておきましょう。たとえば名刺に記載できる情報は少なくても、スマホをかざすだけで自分のプロフィールやSNSリンクがまとめられたサイトへ飛ばせるデジタル名刺などを使っていれば、デジタルクリエイターとしてトレンドにも敏感というアピールにもなりますし、自分のステータスの薄さに対する不安を緩和してくれます。

ステータスは継続していれば必ず増えてくる

　名刺に記載するというのは何だっていいと個人的には感じています。スカスカであれば、「デザイン重視のクリエイターなので、余計なことを書かずに、余白を大事に、伝えたいことをしっかり伝えられるように名刺をデザインしています」などと言えばむしろプラスに感じてもらえることでしょう。

　しかし、**ステータスとはいわば個人の武装力でもあります。**剣や鎧を身に付けたり、新たな魔法を覚えたりとゲームのようにワクワクしませんか？　継続して活動をしていれば、必要な資格を取ったり、何かしら賞を獲得したり、派生した別の仕事を始めることで新たな実績も書けることでしょう。

　私も最初はビデオグラファーという肩書きとSNSのURLだけでしたが、いつの間にか教育関連に携わったり、書籍を販売したり、ブランドアンバサダーやオフィシャルトレーナーとさまざまな肩書きが増えてました。これらは駆け出し時には一切想像ができなかったことです。このように継続さえできれば、想像できない新たな自分に出会える可能性があるので、ぜひ名刺やプロフィール更新を楽しんで活動してみてください。

フリーランスは信用がないの！？
必要な買い物は事前に済ませよう

フリーランスになると物件探しに苦戦したり、クレジットカードが作れなくて困っています。

それもよくある悩みですね。駆け出しのときは特に信用が低いので、できることならフリーランスを始めることを見越して前職段階で準備しておくのが理想なんですが……。

フリーランスの社会的信用問題

フリーランスという働き方は残念ながら社会的信用度が低いというのが現状です。やはり個人という働き方からくる、収入の不安定さがネックです。相手がこの働き方に理解を示してくれないとどうにもならない場合もあります。時代的には副業も解禁されて、フリーランスが増えているので、どんどん改善されて欲しいとは思っています。しかしやはり駆け出しのフリーランスは社会的信用度が低いという事実はなかなか変わりにくいのかもしれません。

どういうときに信用度が低いと困る？

社会的信用度が低いと困るのは、やはりお金絡みのことと言えるでしょう。身近なケースでいうと、賃貸物件を契約するときでさえ審査が

通らない場合があります。毎月支払いをしてくれるのだろうか？　など、最低限のことまで疑われてしまうのは何とも心にダメージを与えるものです。

　仕事の関係上、車を必要とする場合もあるでしょう。それから何と言っても人生最大の買い物とも言える住宅購入も駆け出しフリーランスには難しいものです。賃貸物件や車のオートローンは駆け出し時が無理でも、数年間しっかりと確定申告などを済ませて返済能力を証明すれば、基本的には何も問題なく組めます。駆け出し時でも賃貸でNGが出るようなら、保証会社の制度を採用している物件を探すなど対応策はあると思います。しかし、住宅購入に関してはそれ以上にハードルが高いかもしれません。なんと言っても35年ローンですからね。事業継続年数や、収入の安定性の証明、ほかの借入状況、当然信用情報もチェックされて、遡った過去の支払い履歴も見られます。また頭金の有無も審査には影響する可能性があるので注意しておきましょう。

　このようにさまざまなハードルがあるわけですが、**一概に無理と言っているわけではありません。むしろ計画性を持って行動すればほぼすべて可能とも言える**でしょう。しかし、あなたがフリーランス1年目ですでに会社員時代の年収を超えていたとしても、信用度で比べると劣っているケースが多いという事実はしっかり意識しておきましょう。

TIPS クレジットカードは一番の戦友

　余談ですが、クレジットカードはフリーランス前に準備しておくことをおすすめします。もちろん今の時代は駆け出しフリーランスでもカードを作れる会社がありますが、審査が通らなかったという話もよく聞きます。経費のかかる仕事などもあるのでクレジットカードは事業を行ううえで、大事なパートナーとも言えます。カードがなければキャッシュで対応する必要があるので、資金的体力がないとすぐに廃業になってしまうかもしれません。

フリーランスは守られていないからこそ、ライフイベントも想定しておこう！

なんとなく広い視野でフリーランスが見えてきたような気がします！

それはよかったです！　でもお金に関しては仕事だけじゃなくて、ライフイベントというのも想定しておいたほうがベターですよ！

若さ故の勢いで走りすぎると 転んで大怪我するかも？

これまでお金についてもいろいろと伝えてきましたが、**同時に考えておくべきことの一つに、ライフイベントの存在があります**。事業に回せるお金さえあれば大丈夫と思って、積極的に使っているといざライフイベントが発生したときに、とんでもないダメージを追う可能性があります。人によってイベントは違ってくるのですが、20ページで考えた10年妄想（目標）があると、比較的それらを想定しながらやりくりができ、安心度合いも違います。

起こりうるライフイベントはさまざま

たとえば10年間フリーランスで走り続けたとして、一切何もライフイベントが発生しないという人もいれば、駆け出し時早々に発生する可能性もあります。代表的な例をいくつかあげてみましょう。

結婚や出産も大きなライフイベントです。結婚資金を捻出したいです
し、出産や育児であればしばらく休業するということも想定しないとい
けません。休業となれば生活資金のことも考える必要があります。今は
想定していなくても、可能性としてある程度準備の意識は持っておいた
ほうがベターでしょう。

　また、**病気や事故による怪我など**も、ある種例外的なイベントに当て
はまるのかもしれません。日本には国民健康保険という素晴らしい制度
がありますが、必要に応じて任意で保険契約をする人もいるでしょう。
余談ですが、フリーランスには国保の代わりに**「文芸美術国民健康保
険」**という保険が存在します。国民健康保険は収入に応じて保険料が高
額になっていきますが、文芸美術国民健康保険は一律です。組合に加入
しなければいけないという条件などはありますが、一定の収入のライン
を超えると文芸美術国民健康保険のほうがお得ということになりますの
で、ぜひ検討してみるといいでしょう。

　そのほかにも前のセクションで紹介した物件や車の購入などもありま
すし、自分だけのことではなく、**家族や知人などの冠婚葬祭**、あるいは
それによる副次的なイベントもあるかもしれません。たとえば事業所移
転や相続なども考えられますね。

　さらに日本では忘れてはいけないのが、**震災などによる災害リスクも
考えておいたほうがいい**でしょう。

　こういったライフイベントはある程度予想はできますが、「いつ」と
いう部分の予想は難しいものです。それに柔軟に対応するためには、
日々さまざまな意味での体力や安心安全を意識して行動することが大切
です。

第  章

いざ仕事を
獲得するために！
受注戦略を極めよう

仕事を獲得するには何をどのようにすればいいの
か。自分をアピールする方法や、クライアントとのや
りとりのコツ、目標を達成する考え方などあらゆる
戦略で仕事につなげていきましょう。

実績ゼロでもクライアントワークを取るアイデア

仕事を獲得するのが難しいです。やはり実績がないとクライアントも不安ですよね。

確かにゼロからイチのステップは本当に大変ですよね……。フリーランス活動を始めたばかりの人だけでなく、これまでと違う案件に挑戦したいというときにも役立つアイデアをここで紹介しましょう。

(クライアントワークは基本的に信頼（実績）)

　フリーランスで仕事を獲得できるかどうかは、基本的にプロジェクトの内容にもよるでしょうし、営業手法そのものも関係すると思います。フリーランスになる前に営業職などを経験している人であれば、自らリサーチしたり、アプローチするということに抵抗はないかもしれませんが、前職で関連性がなかった人は、この仕事獲得という分野にとても苦戦するかもしれません。営業手法をたくさん学ぶのもいいですが、もっと基本的なことをしっかり考えていきましょう。基本的に**仕事の依頼は相手からの信頼が絶対的に必要**です。信頼なくしてはいくら頑張ったところで依頼は来ないでしょう。

信頼とは実績も指しますし、普段のSNS投稿やクライアントからの問い合わせの対応など、いくらでもアピールすることはできます。たとえば何かわからない怪しいURLは普通はクリックしませんよね。信頼がないというのはこういう状態で、**この得体の知れない人や物には頼めないのは至極当然**のことだと思います。

実績なしでクライアントワークに結び付ける

いくら人柄がとても誠実で責任感があったとしても、実績がなければ、やはりクライアントはこの人で大丈夫かどうか判断がつきにくいですよね。そのようにクライアントを迷わせている時点では、立場が完全に弱い状態です。この人なら大丈夫だ！　とグッと感じてもらうためにまずはたくさん実績や作品を作っておくことを心がけましょう。

とはいえ、そんなアドバイスはどの書籍やSNSをリサーチしても言っていることで飽き飽きしていることでしょう。ですのでここでは一つ、私がフリーランス駆け出し時代にやっていた方法を紹介します。

一体何をすればいいかというと、映像であれば、**作りたいと思ったサービスや、イベント、商品などのプロモーションを勝手に作ってしまう**のです。この方法は私が今でも実践している方法で、このプロジェクトの受注のためには自分の実績ではまだ説得力がないかもしれないという場合に、**時間と労力を先行投資して、クライアントが欲しいだろうコンテンツを先に作ってしまうというもの**です。

「勝手に」というと大きな語弊が生まれてしまいそうですが、たとえばロゴデータは勝手には使用しないとか、撮影許可が必要であれば申請するとか、必ずルールは守りましょう。

次のページから、町で行われているイベントなどをケーススタディとして説明します。

実績無しでクライアントワークをこなしてきたお話しすごく興味があります！

この方法は、どう転んでも自分にとってメリットしかないからすごくおすすめです！

（ 街で開催されているイベントを ケーススタディしてみる ）

あなたが住んでいる街でマルシェのような催事が開催される予定があると仮定しましょう。たくさん人が訪れて街の活気作りに貢献している素敵なイベントです。そのイベント情報を見たあなたは、いつか自分もこういうイベント撮影に呼んでもらえるようなクリエイターになりたいな……なんて思うわけです。ただ、**呼んでもらえるのを待っていたら、いつまで経っても理想と思う仕事やライフスタイルにはありつけません**。

ですので、あなたは自ら進んでこのプロモーション映像を先行して制作してしまうのです。私も当時、依頼がない状態でイベントのプロモーション映像を積極的に作っていました。

　今の時代、DMをバンバン数送る手法はありますが、信頼ゼロでは基本的には成立しにくいと考えたほうがいいでしょう。実績ゼロだからこそもっと泥臭く、時間と労力を事前に提供してしまうのです。そうでもしないと、クライアントにとってのあなたという「不審者」は信頼にとるに値しません。

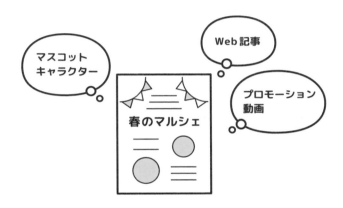

この戦略の狙いとは？

　具体的にはこのイベントの映像を作成して、イベントの運営局などに贈呈するということなんです。依頼してもいないのにわざわざ作成してくれて、しかもその映像が今後も使えるとなったら、いくら信頼ゼロであったとしても、作品がクオリティなどを証明してくれるわけですから、セールスの言葉は不要になりますよね。

そしてこれで一気にスキルや信頼を獲得することができれば、次回開催時に予算さえ折り合いがつけば、自然とオフィシャルクリエイターとして中に入れる可能性は高くなります。これがこの戦略の狙いです。ただ、この全体の流れをうまくできるかどうかには、随所にさまざまなポイントが隠されているので、そこを説明していきます。

事前の徹底的リサーチが鍵！

まずは下準備のリサーチがとても大事です。このリサーチ段階でうまく行く行かないの明暗が分かれるほどに大事です。調べる内容としては、まずは**YouTube など SNS でこのイベントの「過去映像があるかどうか」**です。探すのは他人が作ったものではなく、**オフィシャルチャンネルがアップしているようなコンテンツがあるかどうか**です。

クライアント側としては基本的に映像があるに越したことはないでしょう。過去のコンテンツがないということは、さまざまな要因が考えられますが、もしオフィシャルが使える映像をこちらから提供できたら、次回開催の集客にも使えるし、大きく貢献できそうだと推測できます。オフィシャルカメラマンやクリエイターの存在があるかどうかも調べられるとスムーズに事を運べるかもしれませんね。

確かにこの方法だったら言葉や実績は不要で信頼を得られるかも知れませんね！

「論より証拠」というお話しですね！　でも「勝手に」が飛躍して迷惑やトラブルだけは絶対に避けましょう！

どの視点でコンテンツを 制作するのかが大事！

イベントの撮影許可をもらったら、当日は撮影をして後日編集をするわけですが、ここで事前に考えなければいけないことをお伝えします。それは**自分の思考を入れ込んだ主観的な目線でコンテンツを作るのか、当事者目線の客観的視点で作成をするのか**という事です。

今回の狙いはオフィシャルのチャンネルで使ってもらえるように自分が制作した映像を贈呈したいというものです。もしあなたがYouTuberさんのように自分の意見をふんだんに盛り込んだ主観的な映像を作ったらどうなるでしょうか？　ありがたいに越したことはないのですが、それは「あなたのコンテンツ」であって、「オフィシャルのコンテンツではない」という区分になってしまうでしょう。つまり**主催者目線のフラットな感性で撮影編集を行うのが鍵**になるということなのです。

どのように撮ったら、どのように編集したらオフィシャルのチャンネルで使いやすいだろうかという、この主催者側だったらという視点を常に持って取り組むことが大切です。あくまで**クライアントのための作品**ということを意識しておきましょう。

常に一歩先を提案

　無事にコンテンツが出来上がったら次はいよいよ運営局にサプライズプレゼントです！　ここで、前の章で紹介した「プラス1」のマインドが大きく役立つでしょう。

　メールなどで送る形でもいいですが、しっかり自分の想いを伝えましょう。たとえば、「昔からこのイベントが好きで何度も通っていました。もっとたくさんの人にこのイベントのよさ、街のよさを知ってもらいたいと思っており、少しでも何か貢献できないかと考えた結果、このイベントの集客用に使える映像がYouTubeを検索しても見つけられなかったので、私のほうで勝手ながら作成してみました。」などと添え状のように送ってみてはいかがでしょうか。

「イベントのPR動画を作ってみました。よかったら使ってください」とそっけないメッセージよりも何倍も想いが伝わると思いませんか？
　また、ここでよくあるのが、**「何かありましたらお気軽にご相談ください」と締めくくるケース**です。私もこのように送ったことは何度もありますが、正直あまり好きではありません。基本的に、**何かありましたら、という先には何もありません。**

　これでは完全な待ち・受身状態です。そうではなくて、**必要なのはいつだって「提案」**です。ですので、こちらから提案をして終わるような形に持っていくのがベストです。

たとえば「今回はオフィシャルではなく参加者という形で撮影をしましたので、出展者の笑顔や裏側のストーリーなど撮れなかった部分がたくさんございました。もし次回開催時にオフィシャルとして呼んでいただけましたら、よりよいコンテンツ制作ができますので、ぜひご検討いただければ幸いです」などのように**一歩先を行く提案をして終わるようにしてみましょう。**

提案もせずに、さらりと終わってしまっては逆に「どういう目的があって制作してくれたのだろう」「あとから何か請求されるのでは？」という**不信感を与えてしまう可能性すらあります。**

この動きはどんなことでも流用できると思います。映像制作の例をあげましたが、イラストやライティングの仕事、デザインなどあらゆる現場でこういった積極性は好感が得られると思います。私がクライアントの立場だとしても、受身ではなく提案型の人だ！　こんな意欲のある人と一緒に仕事がしたいと感じるはずです。私はこういったことがフリーランス生存戦略の肝になると考えています。

ここまで時間と労力を投資して、コンテンツを作ってみたとしても、それが上手くいくという約束はありません。残念ながら、クライアントから返信さえ返ってこない場合もある可能性もあります。しかしそうだとしても、それにわざわざ落胆する必要もないのです。

こうやって**リサーチから戦略を立てて、コンテンツの作成まで行って、プレゼンテーションまで遂行できたということは、確実にフリーランスとしての力を強くしてくれますし、**そもそもこの作ったコンテンツは、公開するうえで関係各所に特に問題がないようであれば、自分のポートフォリオにすればいいわけですから。

仕事につながらなかったという事実だけで、何一つマイナスではありません。

そのポートフォリオは役に立たない！？
損しないポートフォリオの考え方と作り方

実績も増えてきたので、ポートフォリオにまとめてみようと思ってます。何かアドバイスはありますか？

もちろん！　過去に何百人と見てきて、ほとんどの人が陥ってしまっていることがあるので、まずはその話をしましょう。

TIPS ポートフォリオって何？

　ポートフォリオというのはクリエイティブの業界においては、自分がこれまで行ってきた仕事の作品集のような意味合いで使われていることがほとんどだと思います。仕事を委託する際や採用面接などの場で、そのクリエイターがどんな人でどんな仕事を行ってきているかなどを確認するような役割を担っています。

ポートフォリオは単なる
過去作品集ではない！

　どういうポートフォリオがいいのかという質問に対して、さまざまな意見があると思いますが、多くは、「実績やサービス、あるいは価格を明記しよう」とか「個性やこだわりなどを伝えよう」とか、「その作品を制作したプロセスを明記しよう」などでしょうか。

私個人的な意見としては、いずれのアドバイスも的確でその通りだと思います。しかし、それだけでは、世の中の多くのクリエイターが陥っている損を味わうことになってしまうと思います。

まず最初に言っておくと、ここでいうポートフォリオとは仕事の受注時にクライアントから「ポートフォリオを見せてください」と言われた際に使うもののことです。ビジネスのポートフォリオですね。これについては**「単なる過去作品集ではない！」**と言えると思っています。自分のホームページで「Works」として過去作品を掲載することがあると思います。ビジネスのポートフォリオをこのWorksと同じように捉えるのは危険です。え？　過去作品集でしょ？　と言われたらそうなのですが、ポートフォリオで表現できるもっと大切なことがあるのです！

クライアントがポートフォリオの提出を求めるのは、あなたに仕事を委託できるか判断するときです。クライアントは何か依頼したい仕事がある、依頼できる人を探しているということなのです。そして、ビジネスとは問題解決という話も何度もしてきました。

考えてみてください。**あなたの「過去作品集」を見せられて、クライアントは「この人なら問題解決できる」とすぐに判断できると思いますか？**　判断できないというのが私の考えです。

まず、あなただけにポートフォリオを求めているわけではない可能性があります。

同じように依頼先として検討しているクリエイターがいて、それぞれのポートフォリオにはたくさんのコンテンツが過去作品として掲載されています。限られた時間の中で、膨大な量の過去作品に目を通して「この人なら！」と判断するのは難しいでしょう。**単なる過去作品集を送りつけるのは、あまりにも「不親切」**なのです。記憶に残すために言葉をキツめにいうと、それは「失礼」でさえあるかもしれません。

えっ！　過去作品集送ったら不親切なんですか！？なんでですか？？

クライアントの立場で考えてみてください。問題解決のために、関係なさそうな作品含めて膨大な量を見るのは大変ですよね。

ポートフォリオは「提案書」であるべし！

　もうなんとなく見えてきましたか？ポートフォリオは過去の実績や作品を羅列して好きに見てくださいではダメです。

　どんな問題があって、あなたにポートフォリオを求めてきたのかという背景をしっかりとヒアリングをしたうえでそれを解決する「提案書」として提出する必要があるのです。

　何もヒアリングせずに提案書は出せません。ヒアリングしたうえで「自分なら過去のこのコンテンツがソリューション提案としてふさわしいかもしれない」といった具合に、そのコンテンツにフォーカスして資料を作成しましょう。その作品の経緯や課題、コスト、制作時間、そして結果などを伝えてあげるのです。

「自分を見て」ではなく「あなたを見ている」ポートフォリオ

　多くの人のポートフォリオに対する勘違い、それは**「自分の作品集を見て欲しい」**という**「自分に目を向けて」というベクトルになっている**ことです。

　クライアントは「私の問題を解決できる人を探している」わけです。**つまりクライアントこそ「私の問題を見て」というベクトル**です。

自分を見て欲しいクリエイターと、自分の問題を見てほしいクライアント。これでは、なかなかマッチングしないというのがわかります。しかし**「ポートフォリオは提案書」**というのがわかっていれば、大勢のライバルの中であなただけ、ポートフォリオを通じてクライアントの問題を見ることができます。これこそが最強のポートフォリオの考え方です。

案件ごとに違うポートフォリオを作ろう

これからビジネス用のポートフォリオを制作する人は、ヒアリングをしたうえで、過去作品の中からその案件に最適、もしくは近い作品を最初にレイアウトし提案するのがいいでしょう。2ページ目以降には過去作品を並べて、「ほかにもこんなことができますよ」と見せるのもいいですね。案件に合わせて作り変えやすいように、レイアウト変更できるポートフォリオを用意しておくのがおすすめです。

私が過去クライアントに提出したポートフォリオの例でいうと、色合いに対して相談があった際は「Blue」「White」「Green」「Brown」の見出しを付けて、過去作品の画像を色ごとに分けて並べました。「Blueだったらこういう雰囲気になるのか」「今回のテーマだとGreenの雰囲気が近いかも」などとクライアントもイメージしやすくなります。

ホームページのヘッダーに埋め込む映像の相談があったときには、自分の映像（静止画）を実際にその会社のHPヘッダーに埋め込んだ画像をポートフォリオの中に入れて送りました。

このように**相手のことを考えて、ひと手間加えたり、イメージしやすい工夫をしたりすることで「自分を見て」というポートフォリオから、「あなたを見ています」という角度のポートフォリオに変わる**と思います。

Only1ではなくNo.1を目指さなければ
仕事が取れない理由を知ろう

えっ、No.1ですか？　Only 1になろうっていう話は聞きますが、逆なんですか？

あくまでこれは、まずは自分の身近な知り合いなどに対して使える戦略で、オンラインだけではなく、オフラインの活動と掛け合わせてハイブリッドに行うことで有効です。

No.1を目指すってどういうこと？

そもそもどんなことでNo.1を目指せと言っているのかという話なのですが、これは**クライアントにとってのNo.1**を指しています。

想像してみましょう。あなたが問題を抱えたクライアントで、それを解決できる依頼先を探していたとします。Web制作や写真、映像制作、ライティング、想像するジャンルは何でもかまいません。

今ふと映像なら誰に依頼しようと想像しましたか？　Webなら誰に、イラストなら誰に依頼しようかと頭の中でスッとイメージしてみてください。その人は今現在のあなたにとってNo.1ということなのです。**検索という手間もかけさせず、スッと無意識に思いついた人そのものの存在があなたにとってのNo.1**ということなんです。大事なのは「無意識にスッと浮かんだ人」ということです。この存在になれるかどうかがとても大事になってきます。

世界で二番目に高い山は知らない人が多い

　エベレストが世界で一番高い山ということはおそらく多くの人が知っているでしょう。しかし二番目に高い山は知っていますか？　カラコルム山脈にあるK2という山だそうです。日本だと富士山がNo.1です。では二番目は？

　これは世界No.1という大きな話なので、No.2も知っていた人はそれなりにいるかもしれませんが、山に興味なければまず知らないのではないでしょうか。もっともっとニッチなNo.2になってくると、さらに知らない人の割合が増えてきます。世界一足の速い動物はチーターですが、二番目はプロングホーンという動物と言われています。これは知らない人が多いでしょう。このように**No.1はある程度無意識にスッとイメージできますが、No.2の存在というのはほぼ出てこない**のです。そこには検索という手間が発生してしまうのです。

　話の流れを再度振り返りますが、No.1というのは世界一、日本一ということではありません。「問題を抱えているクライアントの頭の中に一番最初にスッと浮かんでくる存在」それをここではNo.1と定義しているわけです。ではそのNo.1という存在は、スキルでNo.1なのでしょうか？　価格でNo.1なのでしょうか？　スピードでNo.1なのでしょうか？

　先に私の意見をお伝えしておきます。**クライアントは何のNo.1かなんて知らないのです。つまり無意識にスッと登場しさえすれば何のNo.1だっていい。**そのクライアントが「映像＝〇〇さん」「ライティング＝〇〇さん」のように思い浮かべてくれるかどうか、まずはこれがとても大事だということです。

なるほど、確かに No.2 って出てこないですね。でもどうやって No.1 になれるんでしょうか？

素晴らしい賞や実績がある No.1 になるのは難しいですが、ここで言っている No.1 は意外と簡単になれるものなんです。

SNSを駆使することがNo.1への近道！

クライアントにとっての No.1 になるにはどうすればいいか。それにはさまざまな方法があるでしょうが、私がおすすめしたいのは心理学で言う**「単純接触効果」**というものです。

これは有名な話なので知っている人も多いかもしれません。1日だけ長時間会話をしたペアと、短い時間だけど何日も会話したペア、この2組どちらが親密度が高くなったかというと、後者なのです。**接触回数が増えるほど親密度が高まる**という効果ですね。しかし、この単純接触効果を狙って、毎日クライアントに何でもない要件でメールや LINE などを大量に送り続けるのは不可能でしょう。

この**現象を不特定多数に展開できるツール、それがまさしく SNS で**す。1回だけの輝かしい実績を投稿するのと、毎日短い文章でもいいから常にみんなのタイムラインにあなたの投稿が流れてくる。果たして、どちらがよりみんなの記憶に残るでしょうか。

39ページで説明したように、フリーランス1年目で SNS だけを使って仕事を獲得するのは難しいでしょう。しかし、ある程度実績ができた段階での SNS、単純接触効果を狙っての SNS というのは効果的です。

SNS投稿のハードルを
下げられるだけ下げる

　SNSのタイムラインというのは非情にもすごいスピードで流れ去ってしまいます。アルゴリズムから親密度の低い人の表示はされにくいということもあるでしょう。そこで、**タイムライン上に頻繁に登場する（アウトプット数を増やす）ということが大事になってくるわけですが、必要なのは「投稿のハードルを下げられるだけ下げる」ということ**です。

　クオリティの高い作品のアウトプットや実績の投稿を毎日のようにできるのであれば、それはそれで素晴らしいことですが、かなりハードルが高いと言えるでしょう。

　私もこれまでたくさんの生徒さんと話をしてきましたが、「見せられる作品や実績がないからSNSができない」とよく聞きます。これは投稿のハードルを最大限まで上げてしまっているということなのです。もしSNSのハードルをそこまで上げてしまうと、10年以上キャリアがある私でもSNSとは向き合えなくなってしまうでしょう。

確かに僕も自信のある作品しかアップしていないですし、めちゃくちゃ時間をかけてアップしていました。

その気持ちもわかりますが、それだとコンテンツ数も少なすぎて単純接触効果が期待できませんね。

単純接触効果を狙ったSNSの投稿とは？

　単純接触効果を狙ったSNSとはどういうものなのでしょうか。まず私が意識していたのはつながりあるSNS上の知り合い個々人に対して**「映像＝Taichi」と思わせること**です。この方程式は**「映像クオリティNo.1＝Taichi」**ということではありません。映像クオリティなどは別に３番でも５番でも100番でもいいのです。ただ「一番最初に無意識にスッと浮かび上がる存在」になりたいので、かなり広域な意味合いで「映像＝Taichi」というのを目指しました。つまり**作品自体の投稿に限らず映像というキーワードとつながりがあれば、どんな投稿だっていいの**です。これがハードルを下げた投稿ということです。

活動する業界に関連があれば
どんなことでもOK

たとえば、学校に行って何かを学んだのであれば、それをアウトプットしてみましょう。「今日は学校で〇〇を学んだ。これを駆使すれば、仕事で〇〇に役立たせることができるから、今からとてもワクワクしている」などの投稿はどうでしょうか。

理想としているフリーランスの人とカフェで話す機会があったとします。「今日は私が憧れている〇〇さんにたくさん刺激的なアドバイスをいただいた。私でも〇〇で活躍できるって背中を押してくれたのが嬉しかった。」

作品を投稿するわけではなく、**その業界（映像なら映像という単語、Webなら Web）と関連のある内容を投稿に入れ込んで活動報告をするだけでもよいでしょう**。タイムラインを見ている人からすると、「この人は今、〇〇ですごく頑張ってるんだな」という刷り込みができます。これを継続することで、見る側はあなたのことが気になってきますし、応援をしてくれる人も現れるでしょう。これが無意識にスッと頭に浮かんでくる存在（No.1）の状態ということです。

それなら僕にもできそうです。その日に学んだことを日記のような感じでアップするのもよさそうです。

いいですね。クリエイター同士の情報交換の場にもなるのでぜひSNSを活用してください。

肩書きに〇〇を掛け合わせて PRを磨こう

PRに映像クリエイターって書いてますけど、ごまんといるライバルの中に埋もれますよね。

確かに映像クリエイターという表現は、ただの肩書きというか、カテゴリーのようなものですよね。

カテゴリーをぶら下げて勝負すると レッドオーシャン

映像クリエイターやWeb系フリーランス、イラストレーター、フォトグラファーなど、漠然と自分のPRに職種カテゴリーを記載している人がほとんどだと思います。もちろん私もその1人で、それ自体は悪いことではないのですが、**そのままカテゴリーをぶら下げて活動しているだけでは、PRとしては不十分です。**同業者やライバルなどが多数存在する中の1人という感じでしょうから。**自分がどういう映像クリエイターなのかをさまざまな手法でアピールしていかなければいけない**のですが、どういうクリエイターと言われてもなかなかピンとこないものだと思います。しかし自分で自分自身を簡潔に表現できない限りは、もちろん他人にも伝わっていないし、理解もしてもらえないと考えましょう。

○○を掛け合わせてみよう

たとえば大カテゴリーである「映像クリエイター」という肩書きに、専門性を加えてみるとどうなるでしょうか。映像クリエイターは数えきれないほどいますが、何かが掛け合わさった途端にその数は激減するかもしれません。私の例でいくつか紹介します。

1つ目は、**「英語×映像クリエイター」**という肩書きです。

私はしばらく海外に住んでいたことがあり、それなりに英語を喋ることができます。そこで、この掛け合わせでアピールを強めた結果、過去にアメリカ、フランス、ドバイなどで大きなプロジェクトに携わることができました。もちろんただのクリエイターというわけではなく、通訳業務も兼用したり、コーディネートを手伝ったりと、そのプロジェクト内で多くの力を発揮することができました。

2つ目は、**「犬×映像クリエイター」**です。完全に趣味の世界ですが、私は犬が大好きで、一時期ワンちゃんの記録撮影のサービスを始めて、多数のご家族を撮影しました。犬を撮ることなら任せてください！ と強く謳える映像クリエイターとアピールすることで、これも立派な収入の柱にすることができました。

ほかにも私の生徒さんで同様の悩みを持つクリエイターがいて、前職が介護業界だったこともあり、それを強みにしてはどうでしょうか、とアドバイスさせていただいたこともあります。それぞれの業界が抱える現状や悩みがあるわけで、それに精通している、人脈があるなどというだけで大きな資産になり得ます。いくら私が**仮にプロ級の制作スキルを持っていたとしても、その業界に精通している人には勝てないこともある**わけです。

王道の考えからポジティブに逸脱。
NGから探す目標の叶え方

 月50万円を稼ぐという目標を立てました！　そのための戦略の立て方を考えているのですが、どうもこれで行けるのか不安で……。

私はそういうときは考え方を180度変えてみるということをやっています。よっぽど建設的な戦略が立てられるかも。

〇〇すれば叶う、達成するという「＝」の考えは不確定要素満載

　たとえば月に50万円稼ぐという目標を作ったとして、通常どのようにすれば達成できるかという道筋を考えると思います。毎月新規の仕事を3つ受注する、リピート率を上げる、SNS更新は毎日頑張るなどなど。いくつも掲げることで、やった気にはなるかもしれませんが、**いくら掲げたところで、道筋を考える＝50万に届くというロジックにはなりにくい**と感じませんか？　新規の仕事を3つ取るとは言っても具体的にどうやったら取れるのか、SNS更新を頑張ったところで50万に届くかどうかはわかりません。いくら掲げてもイコールにつながらない不確定要素がいっぱいな状態です。

NGの部分を何個書き出せるか！

こういうときに私が行っていた方法を紹介します。それは目標のベースは同じ月50万稼ぐということではありますが、それをあえて**逆説的に考える**ようにします。つまりどうしたら「月50万稼げない」かを考えるわけです。**どうしたら稼げるかという形だと不確定要素が多い案しか出てきませんが、どうしたら稼げないかという否定系にすることで、確実要素をいくらでも出すことができる**わけです。

たとえば、毎日昼過ぎまでだらける、レスポンスは気が向いたときにだけ行う、こういうことも「月50万円稼げない」要素になるわけです。

消し込んだ数ほど叶う可能性が高まる

この考え方をベースに案を出していくと、100個でも200個でも確実要素を容易に出すことができるようになります。

そして次にあなたは、この**「出した要素を何個消し込むことができるか」ということにフォーカスすればいい**のです。消し込めた要素が多ければ多いほど、目標に近づくという考え方です。なんとなくこれをすれば50万に届くのではないかという王道的な考え方には、まったくの根拠もなくそれなりの案を出してしまいがちですが、この**逆説的な考えをすることで、自分の身なりや行動、戦略など、あらゆることを見直すことができる**ようになります。

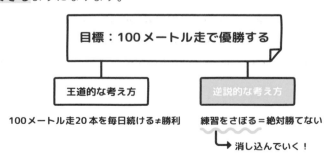

月収5万円アップは茨の道。
じゃあ50万円アップを目指そうの理論

なんとかあと5万円くらい月収に上乗せしたいのですが、もう時間も労力も限界です……。

あと5万円の道のりは本当に果てしないですよね。今だって必死なのに、これ以上は無理と感じてしまうことでしょう。

月収5万円アップが難しいワケ

　なぜ月収5万円アップは難しいのか。フリーランスは会社員のお給料とは違って、報酬にリミットがないというメリットがあるはずですが、あと5万円という考え方は本当に果てしない道のりだと思います。もしあと5万円増やすと真剣に考えたら、皆さんならどういうやり方を考えるでしょうか。

　もしかすると、日々の生活を見直して1つでも多く作業できる時間を確保する、もっともっと気合いで努力するといった方法を取ってしまうかもしれません。**あとちょっとという金額設定はこういう努力目標みたいな考え方をしてしまうので、仮に叶ったとしても、相当な犠牲を払ったり、継続が難しかったりという状況になってしまう可能性があります。**しかしここで私が言いたいのは、5万円は無理でも50万円は達成できるかもしれないということなのです。

50万円アップの目標で見えてくるもの

5万円が無理なのに50万円は尚更無理でしょう、と感じるはずです。しかし、考え方を変えれば案外そうでもないかもしれません。先ほども言いましたが、5万円という数字はとても現実的で、努力系の目標になってしまいがちなんです。ではその延長で50万円はどうでしょうか。**努力じゃ到底無理ですよね。これが大事な正解**なんです。つまり今の仕組みでは届かないという正解がはっきりとわかるので、やるべきことが寝る時間を削るなどという話ではなくなるんですね。

たとえば「案件の規模を大きく変える」「新しいサービスを提供する」「環境をガラッと変える」「そもそもの事業を変える」などが考えられます。

いずれにしても50万円アップを目標にするならば、大きな変化が必要になるということです。

結局は達成しなくても勝ちは勝ち

今と同じことをしては50万円プラスにはならないので、今やっていることの何かをやめようとか、そもそもの方向性を変えようとか、変革的な考え方をするようになります。その結果、仮に50万円には届かなかったとしても、10パーセント目標クリアするだけでプラス5万円は届いているかもしれないわけです。フリーランスは1人で作業をすることが多いワークスタイルです。**もし若さを武器に命を削るような努力目標でなんとかしているならば、なるべく早いうちにこの考えに切り替えて、できる限りスマートに活動をしていくことも、長く生き残るうえでは大事な戦略**かと思います。

しつこい「なぜ?」がとても大事
徹底的なヒアリングと下準備が成功の鍵

 実際に仕事を受注できたのですが、これまで「なんとなく」で決めて動いてしまって何度か失敗しました。

確かに最初のヒアリングや下準備が成功の大部分の鍵を握っていると言っても過言ではないと思います。「なんとなく」はまずいかも?

ヒアリングの大切さ

　発注をしてきたクライアントも、明確な依頼背景がなく、「なんとなく」古いから映像を作り変えたい、ダサいからWebを作り直したい、好きじゃないからデザインし直して欲しい、などというケースは多々あるかと思います。これに対してクリエイターが**しっかりとヒアリングや検証を行わずに、「自らのセンス」を頼りに制作を展開してしまっては火傷を負ってしまうかもしれません。**

　相手の「なんとなく」という魔物を「あなたのセンス」が倒すことができると踏んでの勇断であればいいのですが、ある意味ギャンブルと言えるかもしれません。あなたのセンスが「なんとなく」魔物を倒し、そしてクライアントの問題を解決できると誰も判断ができません。だからこそ、ヒアリングや下準備が勝負の大半を決めると言っても過言ではないのです。

まず大事なのはこの「なんとなく」といった魔物の正体を突き止めることです。しかしこの魔物は非常に強力で、クライアントの担当のＡさんが「魔物の正体はこうだ！」と突き止めても、上司のＢさんが加わるとスライムのように流動的に変化する場合があります。

　私たちクリエイターはこの厄介な魔物にどのように立ち向かえばいいのでしょうか。

しつこいほどの「なぜ？」を繰り返す

　「なんとなく」と言う魔物の正体を探る方法で私が行っている手っ取り早い方法。それは**ひたすらクライアントの意見に「なぜ？」を加えて会話していくこと**です。

　「なぜ映像が作りたいのですか？」「イベントの集客用に」「なぜ写真やWebではなく映像ですか？」「今回はイベントの規模感、空気感を伝えるのに一番いい手法だと思うから」「なぜ今回初めて私に相談いただけたのでしょうか？」「前のクリエイターだと少しうまくいかず……」「なぜうまくいかなかったのですか？」「実は……」

　どうでしょうか。会話の例をあげてみましたが、このように徐々に根底に潜む「なんとなく魔物」の正体があらわになってきます。姿が見えてきたら、こちらはそれを退治できる術を用意する。

　「空気感を伝えたい」というヒントに対して、ではどういう風に撮影すれば空気感を伝えられるかを事前に検討できます。

前任のクリエイターがなぜうまくいかなかったかを聞けば、そのケーススタディ（失敗）から気をつけるべきポイントが見えてきます。

　ヒアリングとはコミュニケーションの塊です。ですが、決して難しいことではありません。見えない魔物の姿を捉えるまで「なぜ」を繰り返す。この徹底的なヒアリングからなるリサーチを心がければ自信を持って対策や判断ができるようになります。

クライアントが発する形容詞は
とんでもなくトリッキー！

> クライアントにかっこいい作品を頼むね！　って言われたから、今どきのトレンドっぽいのを作ったら修正の嵐で困っています。

> それは災難ですね～。でもそれは完全にヒアリングのミスに陥っていますよ。前のセクションに続いてここでもヒアリングの重要性についてお話しします。

形容詞＋クリエイティブワークは難しい

　「かっこいいものを頼むね！」「可愛いデザインでお願いね」「今の流行りな感じがいいです！」こんな感じで依頼されることはよくあります。しかし、それをそのまま鵜呑みにして、私ならできる、任せてください！　と言ってしまうのは危険です。

　クライアントが言う「かっこいい」ものとは果たしてどんなものでしょうか。「かっこいい」に含まれるニュアンスはさまざまです。イメージする色合いだけでもあらゆるデザインがあるでしょう。**あなたとクライアントの「かっこいい」は決して同じではない**と認識しておきましょう。

同じ物差しでは測れない難しさ

　これは制作以外にも同様に、「大変さ」や「苦しみ」、あるいは「喜び」などにも当てはまると思います。**「大変さレベル30です」のような全世界共有の規格があるわけではありませんから。**

　いくらあなたが、制作がものすごく大変なので報酬単価を少し上げてくださいと懇願したところで、クライアントからしたら私だって大変なんです、とそれぞれの物差しを武器にバトルが始まってしまうかもしれませんよね。

形容詞はビジュアルで確認！

　「かっこいいものがいい」と言われたら、お互いどのような「かっこいい」を意識しているのかを、**視覚的に確認をすることが大事**になってきます。ここで普段から自分がどれくらいリファレンスとなる資料やURLを整理できているかで、できるクリエイターかどうかが決まってきます。

　「あなたが感じているかっこいいは、これらの中だとどれでしょうか？」のように**ビジュアルで確認が取れると、お互いの誤認識を極力減らせる**ことでしょう。クライアントからしてもビジュアルで見せたほうが、イメージしやすく成果物に対する不安もやわらぐでしょう。

　この**「共通で測れない形容詞」**と言う存在も前のセクションで話した**「見えない魔物」**の1つだったりするわけです。

リファレンスは日頃から
ストックする癖をつける

　打ち合わせで視覚的な共有認識を探るのは重要だと言っても、そこに時間をかけすぎると、プロジェクトがなかなか進行しません。できることなら常日頃から提案を意識して、いいなと思った素材はストックしておくべきです。

　自分が作成した画像やイラストをすぐに参照できるサービスもありますし、映像であれば、YouTubeやそのほかのリンクをオリジナルで作成したカテゴリーに保存できるREClikeなどもあります。さまざまなツールを駆使して、打ち合わせ段階でスッと提案できるように、魔物退治に向けてアンテナを貼っておくようにしましょう。

👆 **TIPS** 用意したリファレンスがなかなかクライアント
　　　　の要望にマッチしないときは？

　用意したものがクライアントの要望とマッチしないというケースはもちろんあると思います。

　その際はマッチしないからと制作に着手するのではなく、見つかるまで（ある程度合意）できるまで確認作業を繰り返しましょう。

　コツとしては、作りたいテイストのざっくりとした方向性をヒアリングしつつ、数パターン出します。さらに、そのテイストとは少し角度がずれた形のテイストも用意してあげると、クライアントも比較がしやすくなります。

　Amazonなどの「よく一緒に購入されている商品」や「関連する商品」などのような別提案のイメージです。

　あまり何度も何度も確認作業を繰り返すと、制作前から双方嫌な気分になってしまうので、なるべく早めに決着をつけられるように、提案するテイストは吟味するようにしましょう。

プロジェクト稼働中こそ
次の種をまく絶好のチャンス

 プロジェクトが無事に終わったんですけど、終わってみたら次に何もなく……またゼロから仕事探しです。

 フリーランスって制作だけにフォーカスするわけにもいかないですよね。次の提案などのことも器用に考えないと、あっという間にキャッシュフローが回らなくなってしまいます。

時間がなくても営業は意識しておく

　ある程度制作依頼が重なってくると、制作でいっぱいになってしまって、営業をする時間や労力をかけられないことになります。しかしそれでも常に意識してやらないと、**プロジェクトが終わった途端に空っぽで、次の依頼が何もないという恐ろしい状態になってしまう**かもしれません。

　皆さんが感じているように、新規営業というのはかなりハードルが高く労力に見合わない結果になることも多いと思います。

　あなたの存在をまったく知らないのに営業メールなどをもらっても、忙しい企業の担当者さんは普通はスルーしてしまう割合の方が多いのではないでしょうか。

そういった労力をなかなかかけられない面からも、私は**「紹介」**と**「リピート」をいかに続けてもらえるか**ということを重点に考えています。

私が行っている種まき（提案）の方法

私は基本的に**何か新しい提案をするタイミングとしては、可能な限り今現在取り組んでいるプロジェクトの稼働中に行うようにしています。**

今稼働中のプロジェクトがある場合というのは、クライアントさんとのコミュニケーション頻度が通常のときよりも多いはずです。

たとえば制作段階でプロトタイプのようなものを見せていると仮定します。クライアントさんも仕上がりを楽しみにしてくれて、ワクワクしている状況というのを作り出せた場合、プロジェクトがないときにいきなり話題をふるときよりも圧倒的に会話は盛り上がるはずです。そして、この人に任せてよかったという信頼感も増しているかもしれません。

「鉄は熱いうちに打て」まさにこのことわざのように、一番盛り上がっているタイミングで、「そういえば話変わって、御社の〇〇ですが、もっとこういう風にしてみたらすごくよくなるんじゃないですか？」など雑談のような感じで、できる限りたくさん種をまいておきます。ライターであれば、「最近こういう記事も書き始めたんですよ。」といったように雑談の中で自己アピールもできるでしょう。

もしこのタイミングで種まきをしなかった場合は、プロジェクト終了後にわざわざクライアントに、次の提案のための時間を割いてもらう必要が出てきてしまいます。つまりお互いが稼働中よりもかしこまってしまうわけです。何か素晴らしい提案が来るんじゃないかといきなりハードルも上がってしまいます。

種まきというのは、もっと気楽にいくつもまいておくべきだと私は思います。

種をまいて、ほったらかしはNG きちんと収穫しよう

なるほど！ 確かに改めて提案するって、相手の時間をもらうから、ちゃんと資料なども作らないといけないですよね。

そうそう。SNSの話と同じで、できるだけ種まきのハードルも下げておきたいんですよ。そういえばあんなこと言ってたな〜ってふと思い出してもらえるくらいの感じで。

種をまいたら水やりをする

　プロジェクト稼働中にたくさん雑談をする機会があったので、いろいろとヒアリングもしっかりすることができて、こちらからのラフな提案（種まき）もいっぱい仕掛けてきました。そして稼働中だったプロジェクトも無事に終わりを迎えようとしている段階こそ、**次の水やりのタイミング**です。

　水やりというのは、まいた種に花を咲かせるための栄養をあげることです。つまりクライアントに対して、「あのときはラフにお話ししてましたが、こちらは本気で考えていますよ」ということを示してあげるわけです。それには何が必要かというと、ズバリ**次の「提案書や企画書」**です。

可能であるならば、プロジェクト稼働中に作成、あるいは納品後になるべく時間を空けずに提案しましょう。なぜなら種まきはラフに行っているので、**時間が経てば経つほどクライアントの記憶から薄れていく**からです。

ここで37ページで書いた「プラス1」の作用が働きます。クライアントからすると、期待の枠を超えたサプライズ要素がある演出なわけです。「あの提案をもう提案書として形にしてくれたの！？」というふうにですね。

最後はきちんと収穫する

ここまでのパフォーマンスが出せたら、あなたというクリエイターに感動しないクライアントはいないと思います。ここまで動いてくれたわけですから、クライアントもきっと真剣に次なる提案に向き合ってくれるでしょう。そうしたらあとは**収穫（実現）に向けての具体案などを相談していく**わけです。もちろん予算的に可能なのか、これを実現させることでどれくらいクライアントにメリットがあるのか、などさまざまな不安要素を取り除いてあげて実現まで向き合っていきましょう。

もし仮にこれら一連のパフォーマンスの結果がクライアントに刺さらなくても残念がることはありません。単純に種まきの方法や、まく種の種類が違ったなど、原因自体は追求したほうがいいですが、**「このパフォーマンスができるクリエイター」としてほかのクリエイターとの差別化につながっていますし、クライアントの記憶や印象に強く刻まれている**ことでしょう。

納品時のプレゼンテーションの意識は意外と盲点で差別化のチャンス？

 おかげさまでいろいろとアドバイスが役立って仕事に活かせています！

 それはよかったです。ところでデジタルコンテンツの納品ってどうしていますか？　コンテンツのリンクを送って終わりでしょうか。

クリエイティブコンテンツはデータ納品が多い？

　私は映像制作を生業としているので、基本的に成果物というのは映像コンテンツ、つまりデジタル上に存在する形になるデータというわけです。制作にかかるコスト感はかなり幅広いですが、たとえば5万円のコンテンツであっても、100万円のコンテンツであってもデータ納品という形態になってきます。私はときおり、この**データ納品という実体にもの寂しさを感じることがある**のです。ここでも37ページで紹介した「プラス1戦略」が活かせると思いませんか。

「おもてなし」精神を学んでみよう

　制作金額として50万円かかったとしましょう。企業という単位で考えると実は大したことない額なのかもしれません。しかしそれを受け取る人は組織ではなく担当者、つまり人間です。一般的な消費者という目線で考えると、50万円はとても高い買い物です。それをクラウドサーバーや転送サービスを使って、リンクをポイっと送って納品完了となるわけです。ここで**「おもてなし」の精神を付帯させることができたら、クリエイターとの圧倒的な差（技術など以外の部分）をつけられる**と思いませんか。

　「おもてなし」精神はあらゆる場所で学べます。たとえば高級ホテルや旅館に宿泊してみる、車を買ってみる、少しいいブランド物を買ってみるなど、無理は言いませんが、こういった**ちょっと背伸びしたくらいのサービスの質を普段から体験する**ことをおすすめしています。

　そこで得られるサービスや対応というのは、どれも実は私たちにとってものすごく参考になることばかりです。いくらクリエイティブワークはオンラインベースのものばかりだからといって、当てはまらないと思っていては損をしてしまうかもしれません。

たとえばどういったことができるだろうか？

　私の場合は、納品時に依頼されたデータ以外のおまけデータのようなものを送ることがあります。たとえば撮影外のオフショットなどです。NGカットを送ることもあります。関係者からしたら予想外のプレゼントは嬉しいですよね。SNSでも使えそうですし、思い出の品としても喜んでもらえると思います。

制作物の「成功」か「失敗」かを見極める大事な指標

無事に納品できたんですけど、果たして自分が作ったものはどういう評価になったのか気になります。

納品はできたけど、実際活用してくれているか、役立っているかってすごく気になりますよね。

「問題が解決できたかどうか」はクリエイターはなかなか知り得ない

クライアントワークをする際に大事になる依頼背景、つまり問題の認識とソリューションの提案。これらをしっかり捉えて無事納品できれば、ひとまずはよいコンテンツを作れたと、ホッと安心できるかもしれません。しかしその先には、本当にそのコンテンツが役立ったのかという「結果」があります。たとえば利益をいくら、集客や登録を何人増やせたといった数字的な指標をもとにした結果を知りたいと思うでしょう。

しかし、これらはコンテンツの納品後にクライアント側で測定することはあっても、クリエイター側へのフィードバックがされないことがあります。また結果測定には長い時間をかける必要があるケースも多いでしょう。

無事に納品できたからという一時的な判断で、私の仕事は成功したと感じるにはちょっと早いのかもしれません。

　具体的なケースで考えてみましょう。納品から3ヶ月後、次のイベントが開催されることがわかりました。そこであなたは「前回うまく行ったからまた依頼が来そうだ」とワクワクしながら構えているのですが、いつまで経っても連絡が来ません。痺れを切らしたあなたは、直接クライアントに問い合わせします。「また新しいイベントやるってお聞きしました！　今回も映像作って集客のお手伝いしましょうか？」と。すると、「いえ、今回からはしばらく大丈夫です！　お気遣いありがとうございます」と思わぬ返答が来てしまいました。

　さてこの場合、以前のうまくいった（と思っていた）プロジェクトは果たして成功と呼べるでしょうか？？

成功と呼べる最も簡単な判断指標

　上のケースは費用対効果が見合わなかった場合などによく起きる現象です。成果物のクオリティはよかったのかもしれないが、問題解決は実はできていなかったので、次の依頼につながらないというケースです。基本的に問題を解決できたのであれば、費用対効果が望めたケースが多く、その場合次も同じ依頼をしてもいい（むしろすべき）という判断になることがほとんどだと思います。

　つまりここで私が言う、**成功か失敗かを見極める究極の指標は、リピートがあるかないかを指している**のです。リピートがなくなってしまった場合、それはこちらに何か別アプローチや改善点があったのかもしれません。**原因を相手ではなく自分に向けて考える「自責」の念を持って、しっかりと追求を繰り返してみましょう。**

紹介こそ最強！どうやって
紹介を発生させるか！

成功か失敗かの判断、すごくシンプルでわかりやすい
考えですね！

そうなんです！　これが繰り返しできるようになると、
次はリピートから派生して「紹介」を生み出せるよう
になるかもしれませんよ！

「紹介」という仕組みの強さ

　クライアントからリピート案件があるということは、基本的には次も
依頼すべきという判断のもとに行われている。すなわち、問題解決とい
うポイントに向かって動けている可能性が高いわけです。こうなると、
きっとあなたのクリエイターとしての信頼度はかなり高いものになって
いるでしょう。この**クライアントに対しての信頼度や実績が高くなると
「紹介」という最強の営業手法を活かすことができるようになる**かもし
れません。

　皆さんは新規営業をするときに、DMなどを多数の人に送るといった
ことをしていますか？　その際ほとんどから返信をもらえない、電話し
てみたら怒られたなんていう悲しい経験がないでしょうか。

このように見ず知らずの人というのは、まったく情報に確信が持てないので不信感などが先行しがちで、それらを払拭できなければ仕事につながりません。恋愛でも、相手に信頼してもらうために何度もデートを重ねていきますよね。このようにDMだけで信頼してもらえるほど甘くないのが実際のところだと思います。

なぜ紹介は最強と呼べるのか

ではなぜ紹介がとても強力なのでしょうか。これは**紹介者の信頼を担保に相手の信頼も簡単に得ることができる**からです。たとえばあなたがA社のクライアントさんから「B社がクリエイターを探してるから紹介してあげようか」とありがたいオファーをいただいたとしましょう。ここで何が起きているかというと、B社からしたら「A社と取引しているクリエイターだから、知らない人でも信頼できる」という状況になっているのです。あなたが仮に直接B社にDMを送ったとしても、A社からのラブレター無しには信頼を得ることは難しいでしょう。このA社からのラブレター。これこそがとても大事な役割をしているわけです。

紹介（ラブレター）を
発生させやすくするためには

鍵となるのはA社からのラブレターです。ではA社はどのようにしたらB社にラブレターを送ってくれるようになるでしょうか。もちろんそれには前ページで書いた、リピートできるクリエイターであるような信頼が大事です。ここでA社があなたのことを信頼できていない場合、A社は紹介したことによって、B社から「あんまり役に立たなかったよ」「面倒なことにトラブってしまったよ」などとマイナスになってしまったら、紹介しなければよかったと後悔してしまうわけです。

誇らしげに「素晴らしいクリエイターを知っているよ！」と紹介してもらえるクリエイターとして存在できるかが大切になってくるわけです。

紹介「される」だけじゃなく、
「する」側にも回ろう

　こちらからクライアントに対して何かを紹介するということも実は有効だと私は思っています。何か面白い情報や役立つネタなどを仕入れたら、雑談のような形でクライアントに連絡を入れることがあります。

　知人や後輩をクリエイターとして紹介するといったことも意識しています。

　このように常日頃から「紹介する側（Give）」をしていると、そのアクションは大体何かしらの形で「Take」として返ってくるものです。

　もちろん、このお返し「Take」を期待して「Give」をするわけではなく、**基本的にはいつも「GiveGiveGive」のスタンスでいることを意識する**ようにしています。

「最近どうですか？」と言われたら あなたの存在は透明人間と同じ

 なかなか次の仕事につながらないですね。紹介もないですし……。

自分の仕事や近況をちゃんとアウトプットできていますか？

なぜ「最近どうですか？」と 聞かれてしまうのか

リピートクライアントさんと仕事の期間がだいぶ空いてしまうと「お久しぶりです」と言われることは多々あります。

しかし、ほとんどのクライアントさんは私が都度どんな状況だったり、どんなお仕事をしているかというのは、SNSを通じて知ってくださっていることが多いので、「久しぶりです」というのは挨拶程度の具合のものです。もし「久しぶりです」のあとに、「最近はどうですか？」と直近の様子などについて聞かれた場合は、それはもしかするとあなたのアウトプットが届いていない可能性が高いことになります。

アウトプットがなぜ大事なのか

　特にフリーランスとして働き始めたばかりの人の多くはアウトプットができていません。**アウトプットで情報を届けられていないということは、何かきっかけがない限り、自分という存在を認識してもらうことがとても困難**になってしまうのです。

　フリーランスクリエイターとして仕事を得るために、自分という存在を認識してもらう（しかも継続して）ということはかなり重要度の高い作業になってくるはずです。継続して、「私という存在は今こういうことをやっていますよ」と認識してもらうには、SNSを利用して発信し続けることがとても大事になってきます。

継続は力なり。アウトプット量は営業量につながってくる

　SNSを使って日々情報や自分について発信をするのはもちろん無料でできますし、広告などを打つのとはまた違ったよさがあります。自分の作品を投稿してクオリティの信頼を得ることもできますし、自分がどういった作品や仕事に関わりたい、などといった想いを投稿することで、それをたくさんの人に理解してもらうこともできるわけです。それがどれほどの人に届くかというと、フォロワー数や影響力などにもよるでしょう。

　しかし、なかなか叶わずとも、めげずにコンスタントに投稿をすることであなたという存在は徐々に広まっていき、それが仕事にもつながっていきます。アウトプットができていれば、いざ仕事の依頼がきたときも、あなたがどんな人なのか、どういう仕事をして、どんなことが得意なのかということもある程度伝えられているため、クライアントとのミスマッチも防げるようになります。

人脈を広げるために
私が意識してきたこと

 知人を介して人脈は少しずつ広がっています。ただ新しいつながりというのがなかなかできないです。

時間のないフリーランスでもできる人脈の広げ方を考えてみましょう。

「会いに行く」ではなく「会いに来てもらう」

　フリーランスで仕事を獲得するうえで、多くの人脈があるほど、その機会に恵まれる可能性があるでしょう。では人脈とはどのようにして広げていくものなのでしょうか？

　典型的な例としては、交流会などに参加する、セミナーに参加する、SNSやオンラインサロンなどを活用するなどがあるかと思います。

　もちろんこういったもので人脈が増える可能性はありますが、この書籍に沿って話をするのであれば、そのやり方はいつまでも続けられるというわけではありません。なぜならフリーランスにおいては、そういった営業活動に割ける時間を確保するのがなかなか難しい場合があるからです。

まだまだ駆け出しの人や、そこまで仕事量が多くない人であれば話は別ですが、基本的には制作業務でいっぱいいっぱいという状況でしょう。

　イベントやセミナーに参加して、そこで数十人の人と会って話をしたとしても、単なる「名刺交換会」になってしまったり、たくさんの人と薄い話をして終わってしまったりという可能性があります。出会いのきっかけとしては素晴らしいかもしれませんが、**実際に仕事につなげるためには、ある程度そのクライアントに刺さる信頼や納得してもらえる実績が必要**になるわけです。

　ここで少し視点をずらして考えてみましょう。
　人脈を広げるために、あなたが探しに行くのではなく、あなたに会いにきてくれる人を増やすという角度で考えてみるとどうでしょうか。
　闇雲に数を打って不特定の人に会いに行くのもメリットはありますが、実際のフリーランスの働き方を考えると、後者のほうがパフォーマンスは高いのではないでしょうか？

　では具体的にどうするか。ここでも SNS が有効です。SNS の活用方法は 70 ページでも紹介していますが、自分に会いに来てもらう手法としても効果的です。作品だけではなく、自分の考えを述べたり、情報提供したりといった発信をしていきましょう。仕事で出会った人との写真、自分を訪ねてきてくれた人との写真を積極的にアップするのもよいです。どんな要件で会いにきてくれたかなど、書ける範囲で詳細を書くことで、受け手側のハードルも下がります。そうすることで、人脈の広さや受け入れマインドのある人だと印象付けることができます。

今すぐできるパフォーマンス意識
信頼関係を築くちょっとしたコツ

クライアントにリピートしてもらえるように信頼関係を築きたいです。

信頼関係を構築するには長い年月がかかりますが、ときには相手の信頼を得るためのパフォーマンスというのも大事です。

ライバルに打ち勝つ強い信頼関係を
築きたい

クライアントとの信頼関係を築くためには、それなりに長い時間がかかるかと思います。大変な局面を一緒に乗り越えるといった経験をすると、関係は深いものになり、いつしか金額どうのこうのでは変えられないような強い絆が生まれるかもしれません。

こういった関係が作られるようになると、いくら駆け出しのフリーランスやライバルが極端に安い価格で営業しに来ても、クライアントはそう簡単には乗り換えないでしょう。できることなら、こういった強い絆をクライアントと結べるようになりたいですよね。

しかし信頼は、崩すのは簡単でも築き上げることは本当に大変なことです。私は信頼関係構築というのは、瞬間的な信用や安心、責任などの積み重ねだと思っています。

私の好きな言葉に「Life is a series of moments」という言葉があります。人生は瞬間瞬間の出来事の積み重ねといったニュアンスですね。信頼も同じではないでしょうか。

　信頼獲得とは、プロジェクトが無事遂行できた、納品できた実績やその回数に応じて増していくと思っていませんか？　もちろんそれもありますが、私は瞬間的な事象を大事にするということも役立つものだと思っています。

見た目がもたらす「何か凄そう」な印象

　私の映像制作の仕事を例にしましょう。

　素晴らしい映像作品を作って納品できるという前提なのですが、その過程には撮影や編集などあらゆるプロセスが存在します。たとえば、クリエイターが撮影にスマートフォンを自信満々に持ってきて、今日はこれでやります！　と伝えたらどんな反応になるでしょうか？

　最近のスマートフォンの進化は凄まじく、実際スマートフォンで対応できるようなプロジェクトというものは多数あります。しかし「スマホで撮ってください」という指示がないのに、スマートフォン1台で撮影を乗り切ろうというスタイルは、スタッフやクライアントに驚きと冷めた目で見られ、その場は不安の空気に包まれる可能性があります。

　スマートフォンほど極端な例でなくとも、リアルな話でいうと小型カメラですら不安を感じさせてしまう場合があります。近年のカメラはテクノロジーの進化でずいぶん小型化しています。小さな筐体で素晴らしい性能なのですが、クライアントはそんなこと知ったこっちゃありません。

つまりここでは大きさこそが**「何か凄そう」**という正義になる場合があるのです。

　数に至っても同じです。一人で現場に行くのと、複数人で行くのでは、**「何かちゃんとしてそう」**と思わせる力が変わります。ここでいくら「何か」と抽象的な表現をしたとしても、「何か」の正体は人それぞれの価値観なので私にはわかりません。わからないから「何か」と表現しているのです。しかしクライアントからすると、この「正体不明の何か」は絶大な安心につながるわけなのです。

ときに必要な見せかけのパフォーマンス

　私は髭がボサボサで、体は大きく肥満体型ですし、イケメンとは程遠いビジュアルをしている中年男性です。一般的に考えてマイナス要素が多そうに感じますが、これまで何度も自治体などのお堅いプロジェクトにも参加させていただいております。私がやるべきでないような、美容関係のコンテンツの制作などにも多々呼ばれています。

　これは、そういった私のビジュアルが「何か凄そう」というパフォーマンスとしてクライアントに刺さっている可能性があるということなのです。

　もちろんさわやかさやイケメンであることが信頼につながることもあるでしょう。**大事なのは、自分のフィールドにおいて、信頼を得るための武器が何かを見極めること**です。

ステータスや肩書きなどは所詮上辺だけの見せかけでしかない可能性はあります。しかし、まさにこれらも「何か凄そう」を与える要素の一つです。これらの要素がなかなか見つけられないのであれば、さまざまなコンテストに挑んでみるのも手かもしれません。もし賞を獲れたら一つ役に立てる要素として活躍してくれるでしょう。

　年齢が若く、その見た目からキャリアも浅そうと見られてしまうこともあります。それでクライアントが相手をしてくれないと感じるのであれば、ファッションを変えてみるのもいいでしょうし、髪型を変えるのも役立つかもしれません。

　私の制作仲間には、ピンク色の髪をした奇抜なファッションの女性がいます。覚えてもらいやすいというのもあり、すぐに人気キャラクターになるそうです。

　このように信頼とは普段の誠実な対応や責任感などあらゆる要素の日々の積み重ねではありますが、それを加速させるための要素としては「見せかけのパフォーマンス」というのも大きな武器になり得ると思っています。そのことを意識できるとフリーランス活動においても効果を発揮してくれるのではないでしょうか。

「受注制作」という待ちのスタンスは精神衛生上よくない？？

SNSもできる限り頑張っています。でもパタリと依頼が来なくなってしまいました。

受注制作はクライアントありきの仕事スタイルです。「待ち」のスタンスはときに苦しいですよね。

クリエイターの多くは「受注制作」サービス

　少なくとも私の周りのフリーランスあるいは、フリーランスを目指している人の多くは、いわゆる**「受注制作」**スタイルをイメージしていることが大半な気がします。この受注制作スタイルというのは、クライアントから仕事を受注し、その内容に応じて制作に取り組んでいくという、ごく一般的で当たり前のサービスです。なぜこの形になることが多いかというと、クリエイティブな成果物とは、基本的にはそのクリエイターが作成したオリジナルコンテンツということになるので、依頼内容に応じて変化していくものだからです。つまり**他社・他人のためのコンテンツであって、依頼者の都合に左右されることが多いサービス**になります。

なぜ受注制作サービスが厄介なのか

　もちろん私もこの受注制作サービスで仕事をしていて、割合としては8割方これに当てはまるのではないでしょうか。

　しかしこのサービスというのは、相手の依頼あってこそのサービスなので、事前に何かを作っておいて、誰か買いませんか？　というお話には持っていけないコンテンツなのです。つまり、相手の依頼が来るまで制作ができない**「待ち」のスタンスがとても多くなってしまう**のです。

　この待ちのスタンスというのはフリーランスという存在には非常に悩ましく、今すぐプロジェクトが発生してくれないと、キャッシュフローが回らなくなるといった悩みはよく聞きます。既存クライアントさんにも、今すぐ何か作りませんか？なんておかしな相談もできないですし、そんな話をしたところで、困っている問題がなければ依頼されることもありません。

どのようにこのリスクを回避する？

　この待ちのリスクを軽減するためには、やはり**さまざまなキャッシュポイントを持つということを常に意識すべき**だと思います。たとえば受注制作であれば、依頼が来て、制作に一ヶ月、その後請求書を出して翌月振り込みなどと、相談時から入金までにかなり長い期間が発生します。であるならば、その補填になるように、**キャッシュフローサイクルが早い仕組みを取り入れるなども考え方の1つ**だと思います。

　あるいは受注制作と言っても、何を作るかわからない何でも屋さんだと待ちのスタンスになりがちですが、75ページで記載した「自分のスキル×専門性」を活かして、オリジナルサービスを展開するのもいいでしょう。また、自分とクライアントの直取引ではなく、営業代行などのサービスを利用することも考えてみましょう。

何もしないのはもったいない！
休眠顧客を目覚めさせよう

 それでもやっぱり仕事がなくて、生活が不安です。ほかに何か対策はないでしょうか。

過去に取引のあった中で最近連絡をもらえていないなというクライアントはいませんか？いわゆる休眠顧客です。

なぜ休眠してしまったのかを考える

「お仕事待ち」のスタンスから脱却するために、さまざまな戦略やアクションをしなければいけませんが、その中でも忘れてはいけないことの一つに、**休眠顧客の呼び起こし**があるかと思います。

取引帳簿などを参考に過去に遡って、昔取引をしていたが現在はしばらくお仕事をいただけていないクライアントを探してみましょう。
その次にわかる範囲で仕事をオファーいただけていない理由をしっかり考察します。そもそも問題解決ができなかったからなのか、はたまた予算に見合わない取引をしていたからなのか、あるいはもっと素敵なクリエイターと出会ってしまったのか。

はっきりとした理由は直接問い合わせをしないとわかりませんが、ここで策もなしに連絡するのはあまりおすすめはしません。**一度休眠化してしまった場合は、その原因に対して「今の自分ならこう改善できるようになった」と次なる提案が必要**だからです。

情報を探るのはSNSが一番

もしあなたが休眠顧客の担当者さんとSNSでつながっていれば、ある程度休眠化の理由を探れるヒントがそこにはあるかもしれません。担当者はすでに転職などを理由に退職してしまっている場合もあるでしょう。その場合は、その担当者の投稿などに対して気軽に「お久しぶりです。お元気ですか？退職されていて驚きました」などとそれとなくコミュニケーションを再開させてはいかがでしょうか。そこから話を聞けるかもしれませんし、今の担当者を紹介してくれる可能性もあります。

ある程度休眠した理由が掴めたら、早速呼び起こすための策を考えたり、必要であれば提案書などの資料を作成してみましょう（休眠した理由の問題解決）。過去に取引をしているので、新規開拓の営業よりは楽かもしれませんが、何かが原因で取引が停止しているので、新規開拓と同じような気持ちで再び信頼を取り戻せるように努力しましょう。

取引停止した原因を改善できたり、話が膨らんで別のオファーをいただけたりするようになるかもしれません。

いずれにせよ、**待ちのスタンスで何もしないのはフリーランスにとってはマイナス**でしかありません。しっかりと過去の取引を振り返ることも大事な戦略の一つでしょう。

第  章

メンタルコントロールを
学んでQOFを
上げていこう

フリーランスという働き方を続けていくには、メンタルを上手くコントロールすることも必要です。自分なりのリフレッシュ術や、コミュニティの存在が大きな支えとなってくれるでしょう。

フリーランスは一人であって一人ではない

 フリーランスは常に孤独との闘い……つらく感じることも多いです。

 一人でできることには限界がありますよね。
この章ではコミュニティやメンタルコントロールについて学んでQOF(Quality Of Freelance) を上げる方法を紹介します。

※QOFはフリーランスライフの充実さを表す指標。本書の造語です。

一人の限界を迎える前に対策を

　フリーランスは確かに個人で活動をするので、どうしても一人で業務をこなすイメージではありますが、何も**プロジェクトすべてに対して一人で挑まなければいけないというわけではありません。**もちろんクライアントにとっては一人で動いているフリーランスは気軽に頼みやすい、フットワークが軽いなどいろいろなメリットはあると思います。

　しかしフリーランス側にとっては一人でできることには時間的にもスキル的にもフィジカル的にもメンタル的にも限界があるわけです。収入の限界値をあげようと試みる場合も一人の限界を迎えてしまってはすぐに天井に突き当たってしまうでしょう。そうなった場合には根本の仕組みや考え方を変えざるを得ないのが大半なのではないでしょうか。
　たとえば**「ユニットを組む」**というのも一つの手でしょう。

フリーランスが集まるユニットの強み

　フリーランスは企業組織と比べて、そのフットワークの軽さや柔軟性などがメリットとして挙げられますが、ユニット化することで得られるメリットもあるのです。ユニット化というのは私が呼んでいるだけなのですが、**フリーランス同士がプロジェクトごとに手を取り合って一つのチームになる**ことを呼んでいます。

　フリーランス同士が集まったところで、企業側が感じるフットワークの軽さや頼みやすさが半減してしまってはメリットがないのでは？　と感じるかもしれませんが、少し意味が違います。

　フリーランスユニットというのは、メンバー個々のスキルなどをいいとこどりができる、形状変化させられる流体のようなイメージを持ってもらうとわかりやすいかもしれません。予算感に応じて細胞分裂をすることも可能ですし、デザインが強い個体、ディレクションが強い個体などと**必要な細胞を取り込むことで企業に負けないほどの強い個体を生成することができる**のがこのユニット化の強みと言えます。雇用している法人のように、限られた社内リソースでどうするかという観点とは違った魅力を作り出すことができます。

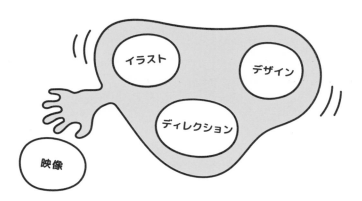

ユニット化のその他のメリット

　ユニット化には流体的なメリットの他にもさまざまなメリットが考えられます。

　一つは、そのユニットの結束が強ければ、**ほかのメンバーが仕事を受注してきてそれをそのユニット内にシェアしてくれる可能性がある**ということです。1つのプロジェクトに対して、グラフィックデザインを担当、動画編集を担当というように分担もできますし、あるいはフォトグラファーとイラストレーターの組み合わせで新たな表現を作るといったことも可能になります。

　これまで個で動いてきたときは、どうやって次の仕事を作り出すかという苦手分野にも目を向けなければいけませんでしたが、複数人のメンバーがいることで、個々でSNSなどを駆使して発信をすることで、受注にありつける確度というのも変わってくるかもしれません。

　もちろんメンバー同士は主従がある雇用契約の関係性ではないので、業務委託についてや、守秘義務、コンプライアンスなどのリスクはなるべく対処していかなければならないとは思います。

　集団になることでコミュニケーションだったり、情報の共有だったりと一人で活動していたときとは違う時間の使い方が必要にもなるでしょう。

　しかし、そのあたりをクリアにし、そして絆を深く保って活動ができれば、**不安も一緒に共有できたり、喜びもみんなで分かち合えるのでとても健全で楽しく活動ができるかもしれません。**

同業じゃなくても一緒に仕事ができる

　ユニットの話は、ある程度規模が大きめのプロジェクトには当てはまりますが、単品のイラスト制作や記事のライティングなど一人で完結することが多い仕事はどうでしょうか。

　ユニットとは考え方が少し異なりますが、たとえば営業代行のフリーランスとパートナーシップを組んで仕事をしてみるのもいいと思います。営業が苦手という人、そもそも営業の時間が取れないという場合にもこういうチームの形は心強いですよね。

　私の場合も、ユニットほど大きな規模でなくても、異業種間でパートナーを探すことがあります。

　映像であれば映像に関わるパートナー、たとえばカメラマンや照明、美術、作家などです。さらにWeb関係の人などとも信頼を深めておくのがいいでしょう。映像制作とWeb制作を同時に依頼したいというクライアントもいるので、そこで信頼できるパートナーがいればスムーズに仕事の相談ができます。

　Web制作側としても、Webサイトのヘッダー部分や各所に映像や写真を組み込むというケースがよくあるので、映像制作ができるパートナーがいれば仕事の幅が広がります。

　企業のように雇用をするわけではないので、気楽に自分の周りに強い仲間を増やしていき自分自身の強さや価値を上げていきましょう。

 パートナーシップやユニットを組んで仕事をするって楽しそうですね。

 仕事の規模も拡大できますし、メンタルの面でも大きな助けになります。

居心地のよさから脱却
天井を上げる環境や仲間が大事

 私と同じようなキャリアの友達がいて、一緒に頑張っていこうと励まし合っているところです。

支え合う友人がいるのは心強いですよね。ただ、そこに依存してしまうのは危険かもしれません。

居心地がいい空気にのまれてしまう

　私の生徒さんや知り合いの駆け出しフリーランスなどを見ると、なぜか同じくらいのキャリアの人や友達感覚で付き合える人と手を取り合って一緒に活動しようとする傾向があるように感じます。

　私自信、ユニットを組んでお互いのメリットをうまく活かして活動していくことはとてもいいことだと思います。ただ、考え方や経歴が同じような人と友達感覚で活動を共にしていくことには、ちょっとだけ不安を感じてしまう部分があるんです。

　それが成長の妨げとなっている場合があるからです。

　実は私は大学卒業後、カナダにダンス留学をしていたのですが、留学生の間でよく意識的に言われることがあります。それは、自分の語学の上達のためにいい意味でできるだけ日本人コミュニティに入り過ぎないということです。

しかし実際は日本人コミュニティに腰を据えてしまう人はかなり多いのです。言葉も文化も違う異国の地で、自分の言いたいことや考えに共感してもらえる日本人コミュニティというものは最高に居心地がいい空間だからです。

私はダンスという活動があったおかげで、留学時代の大半を現地ローカルのカナディアンと過ごすことができて、TOEIC350点という非常に低いスコアから帰国時には一気に850点まで上昇させることができました。超貧乏留学生だったため、語学学校も1ヶ月しか行っていません。それでもしっかり結果を出すことができたのは、やはり**居心地のよさにのまれなかったということが大きい**と思っています。

自分の限界を決めてしまうノミの法則

ここで言う**居心地のいい空間というのは、自分と同じレベル感で、ある程度苦労や喜びの物差しが近しい人達で形成した空間のこと**です。

皆さんは**ノミの法則**をご存知でしょうか？　とても有名な話なのですが、たった数ミリというサイズのノミは体長の約100倍の高さまでジャンプできるそうなんです。これをヒトに置き換えると200m以上、巨大なビルの高さまでジャンプできることになるんです。そんなノミを瓶に入れて過ごさせると、ノミは何度も天井にぶつかって、いつしかジャンプする力を制御してしまい、瓶から出しても瓶の高さまでしか飛べなくなるそうなんです。

とってもわかりやすい話ですよね。居心地のよい空間というのは、ノミの法則で言う瓶の存在に当てはまる可能性があります。

キャリアや物差しが同じような人の中（瓶）で天井（常識や基準）が形成されていってしまうことで成長の機会が損なわれてしまうのです。

ときには環境の乗り換えが必要

英語が喋れない人同士の瓶であろうが、フリーランス駆け出しの人と一緒に入った瓶であろうが、みんなやる気はあるのです。Aさんがすごく頑張っているから私も続かなければと切磋琢磨することでしょう。ただそのやる気というのは、その瓶の中での基準の可能性があるということです。もし仮に隣の瓶にお邪魔する機会があれば、気づけるかもしれません。**いかに隣の瓶の天井は高くて、自分達のやる気や頑張りの度合いが自分達の瓶の中での尺度の話に過ぎなかったかもしれないということに。**

天井が低いということに気づくことがまず難しいのですが、気づいたとしても、実際に天井を上げることはさらに困難だと思います。

仮にその瓶の中に、新しい刺激（自分よりレベルの高い人や成功者など）を加えたとしても習慣が変わり過ぎて、それを異物として排除しようという動きになってしまうかもしれないからです。

本当に高くジャンプしたければ、今いる瓶の空間を変えていくよりも、より高さのある瓶に乗り換える必要があるのではないでしょうか。

この瓶は環境そのものと言っていいでしょう。**環境を変えると、物差しの尺度の違いに簡単に気づける**わけです。そしてそこで新しいスタンダードに出会えるのです。たとえば、以前の環境であれば10できれば今日は頑張ったと言えていたとしても、新しい環境では10が最低レベルかもしれません。新しい環境の中で、自分は天井の高さに引っ張られて自動的に成長していけるのです。

　ノミの法則に戻して言うならば、今までは天井にぶつかって怪我をしてしまうからと自分の能力を押さえ込んでいたのが、天井が高くなるなるほど、能力を最大限解放できるようになるのです。
　天井はいわば限界値です。この限界とは最終的には自分自身が決めることですが、その決定づける要因の一つには瓶（環境）なども影響を与えている可能性があると言うことです。

さらなる高みを目指して

　このように瓶の存在（天井の高さ）はとても重要です。自分と同じような価値観を持った人や苦労を共有できる人といる空間は癒しやメンタルの安定といった意味では大事にしたいものです。しかし自分が目指す高みにいるような人、まったくジャンルの違う仕事をやっている人とのコミュニティや環境を作り、限界値を高めていくことはフリーランスの生存戦略にも大事なことと言えるでしょう。

やばい案件を察知したら
逃げてしまおう

結構理不尽な相談が来てるんですけど、今月仕事が少ないので受けるべきか悩みます……。

それちょっと待って！　危ない信号をキャッチしたら、積極的に断ることも検討してみてください。その分、「ほかの案件に時間をかけられる」とポジティブな考え方をしてみましょう。

いつかは出会う厄介な案件

　ありえないほど安い報酬だったり、作りたいものがあまりにも見えてこなかったりするプロジェクト、信用し難い身なりの担当者。こういった案件は仕事を続けていればいつかは出会うものです。

　いずれも受注しなければ大丈夫かどうかなんてわからないという部分はありますが、それでも受けてしまって予想通り厄介な内容だった場合は、大きなトラブルに発展したり、トラウマになってしまったりということもあります。この人は私とは円滑に仕事を進められないな、報酬がしっかり払われるのか不安だなと感じたら受注せずにお断りすることもとても大事なことです。**それに多くの時間や労力をかけてしまうと、ほかに抱えているクライアントさんの案件に向き合う力がなくなってしまう**かもしれないからです。

過去に苦労した
「気をつけた方がいい」事例

過去に私が経験した事例をいくつか紹介します。

・作りたいものが一向に見えない

ヒアリングを重ねても重ねても、いつまでもクライアントさんが決断をできない場合があります。これは悪い人というわけではないのですが、こういうときに限ってスケジュールの終わりが設定されていないことがあります。その場合、ズルズルと尾を引いてしまいます。

改めてスケジュールを引いて、「ここからずれ込むとほかの案件もあるので依頼を受けられなくなります」など防衛しましょう。

・自分のレベルを超えすぎている依頼

なぜ自分に依頼が来たのか不思議に感じた案件。クライアント側から期待されているということもあるので果敢にチャレンジすることは大事かもしれませんが、あまりにも規模感やレベル感が自分とかけ離れすぎている案件は一度冷静に考えましょう。万が一失敗した場合のリスクはとんでもないものになる可能性も……。

判断が難しい場合はメンターに相談してみましょう。メンターに案件に関わってもらう、あるいはそこでも厳しいという判断であれば、お断りすることを検討しましょう。

・「信じてるからお任せで！」という投げやり案件

これもとても厄介です。過去の作品などから大丈夫と判断していただいたのですが、担当者はわからないからクリエイターさんにお任せします！　という流れですね。お任せであれば、そのままスッと納品できるんじゃないのと思いきや、出してみた途端にリクエストが多発するケースの可能性があるので要注意です！

それでも受ける場合は、お任せと言われてもしっかりとヒアリングや提案、確認をしてから制作に着手しましょう。

・納期はいつでもOK案件

　これも厄介です。納期は急いでないので、ゆっくりやりましょうという案件は担当者そのものに腰が入っていません。クリエイターはキャッシュを回したいので、早く終わらせたいと思っていても、一向に連絡が来なかったり、かと思えば急に動き出したりと、振り回されること確実でしょう。

　受ける場合は、目安でいいのでこちら側でスケジュールを引いてみましょう。スケジュールが引けない場合は、着手金をもらうというのも途中で案件を消失させない対策になります。

・いつも電話で連絡が来る

　連絡手段が電話のみ。これも今の時代は考えるべきかもしれません。電話で指示を出されるとメモが取れないので、もし絶対電話じゃなければ嫌だというクライアントに出会ったら、必ずこちらがメモできる体制を作ってから折り返しましょう。

・納品実績に掲げられない案件

　コンプライアンスの厳しい会社などでは、実績として公開するのがNGということがあります。これは割とありますし、断る必要はないかもしれませんが、できるなら公開実績としてSNSなどで言えたほうが次にもつながりやすいですよね。

　実績をオンラインでは公開しないが、直接人に資料などで見せるのはいいのか、などと交渉してみるのもいいかもしれません。

ちょっとで差がつく
関係性を維持する「No」の方法

厄介な案件ではないのですが、どうしても時間がなく依頼を断らないといけないことに……。

そういうことはよくあります。印象を悪くしないで断る方法があれば一番いいですよね。

お断りの連絡はネガティブな印象になりがち

118ページで、嫌なクライアントや厄介なプロジェクトは断ることも必要と説明しました。ここでは厄介ではないものの、諸事情により断りたい、けれども関係は壊したくないという場合の「No」と言う方法について紹介します。

クライアントから何かイベントに誘われる、制作の依頼がくるというケースで考えてみましょう。取引のある大事なクライアントで、本当は積極的に受けたいところではあるものの……いかんせん仕事が忙しかったり、時間が合わなかったりということはあるでしょう。

そんなとき、皆さんならどう断りますか？ 忙しければ正直に「現在制作スケジュールが埋まってしまっていて、お力になれそうにありません」と断るでしょうか。**「No」を伝えて断るというアクションは、基本的に普段のコミュニケーション以上にセンシティブに考えて、慎重にケアしながら行うべき**だと私は考えます。

断ったあとに、クライアント側から「そうですか、わかりました。」と返事が来たとします。この時点でどこかお互いに虚しい空気感が漂うわけですが、さらにこれに対して何と返事をしてコミュニケーションを閉じるでしょうか。

　多くの人は「また何かありましたら、遠慮なくご相談いただければ幸いです」などといった具合に返信をするのではないでしょうか？　最後に僅かながらでもフォローをしていますが、これでは**会話はネガティブな印象で終わってしまっています。**

ポジティブに会話を終えるテクニック

　これは私が普段行っているちょっとしたテクニックですが、断るとしても、最後に少し雑談を挟むというものです。「...お力になれずすみません」のあとに「そういえば最近SNSで〇〇さんの活躍拝見しています！あの〇〇の活動とても素敵ですね！」などと、クライアントのことを意識して見ていますという風に方向性を変えるだけでも会話の印象が違います。そこから自分なりに、「〇〇だったら私も協力できることがあると思います」などと別提案ができれば、いつしか**相談を断ったネガティブなイメージが払拭され、ポジティブな印象で会話を終えることができます。**

　断るということは否定することではありますが、**コミュニケーションのチャンス**でもあります。ここをどう使うかで、そのあとの取引も変わるでしょうし、こういった**小さな積み重ねは数社、数十社、あるいは数ヶ月数年と続けることで大きな違いとして現れてくることは間違いない**でしょう。

メンタルのリフレッシュ術を見つけよう

仕事が忙しすぎて、精神的にしんどいです。何かいい方法はありませんか？

そういうときがありますよね。メンタルリフレッシュの方法は人によって違うと思いますが、ここでは私のケースを紹介するので参考にしてみてください。

フリーランスは多くの不安や悩みが付きまとう

　これは何もフリーランスに限った話ではありませんが、個人で戦っている以上さまざまな不安が付きまといます。

　案件が停滞してしまったり、事故や怪我などをして働けなくなるなどといったお金の不安、日夜作業をしても次々と納期に追われる不安、プライベート時間が確保できないストレスなど、あげればキリがないかもしれません。ただ漠然とした不安が押し寄せることもあるでしょう。

　それらに対していろいろとテクニカル的な対処法はあると思いますが、人それぞれにあったリフレッシュする方法を見つけるということもすごく大切です。

私の場合は環境にこそ一番投資をした

　私はフリーランスになりたてから現在まで、6回もの引越しをしています。少々やりすぎのように感じますが、それほどまでに**自分がリフレッシュできる環境、仕事が一番捗る場所というのを探すこと**を重視して引越しを繰り返してきました。

　はじめのうちは取引先と近い、都心が近いという利便性などに重要度をおいていましたが、実は離れていてもさほど仕事に影響を及ぼさないことに気づいてから、利便性よりも作業的な快適さ、リフレッシュできるという観点にフォーカスして、海が近い場所に引越しをしました。ここに行き着くまでにあちこち6回も引越しをしてしまったわけですが、現在は自分にとって効率よく作業に集中できる仕事部屋を確保でき、ストレスを感じたら海辺に行ってリフレッシュするというワークスタイルを構築できました。

　これは余談ですが、私が引っ越し先に求めていた条件に、「電柱が地中化されているかどうか」というものがありました。おかしな条件かもしれませんが、リフレッシュしようとしてリフレッシュするのではなく、私は無意識にリフレッシュできる環境こそ最高の場所だと思っています。都内には数え切れないほどの電柱や電線が張り巡らされており、それによってどうなるかというと、空を見上げる頻度が減っていることに気づいたんです（私の場合です）。

　電柱が地中に埋没されているロケーションというのは空がものすごく広く、自然と青空が目に入ってきます。そんなことある？　と思っている人がいたら、ぜひ一度気にかけてみてください。きっと違いを感じると思います。

電柱の話をしましたが、これらは環境に投資をしないとなかなか代替できないメリットかと思います。自分にあった理想郷を求めて環境にフォーカスしてみるのも、長くフリーランスを続けるコツの一つかもしれません。

人によっては、バイクに乗ったり、旅行に行ったりと趣味を満喫することがメンタルリフレッシュになることもあるでしょう。

友人や家族と過ごす時間も大切にしたいですよね。自分の心と向き合って、何が大切か、どういうことがリフレッシュにつながるかを考えてみてください。

 TIPS **ペットと過ごす至福の時間**

私は大の愛犬家なのですが、ペットと過ごす時間というのもリフレッシュになっています。散歩に一緒に行くことで運動にもなりますし、ワンちゃんを飼うと脳内で分泌されるオキシトシンというホルモンが多く分泌されるようになるそうです。このオキシトシンは安らぎホルモンであるセロトニンの分泌を促したり、学習能力や記憶能力の向上、不安や恐怖感の軽減などまさにフリーランスにとってはありがたすぎるホルモンなんですね。そして何より毎日一緒にいて可愛いし楽しいし、頑張らなきゃというモチベーションにもつながります。

ホルモン分泌についてはなかなか実感するのが難しいですが、人生のパートナーとして共に過ごすというのはとても幸せな時間だと思います。

「毎日が日曜日」で
「毎日が仕事」という感覚

 フリーランスってオンとオフの切り替えが難しいです。
プライベートも充実させたいのに……。

オンとオフの切り替えは難しいですよね。あくまで個
人的な考え方ですが、切り替えを意識しすぎないとい
うのも一つの手ですよ。

オンとオフを平衡化させている

　私が長くフリーランス活動をできている理由には当然、仕事を継続的
に獲得できているというのが前提にありますが、仕事があってもフリー
ランスを辞めてしまう人はたくさんいらっしゃいます。

　たとえばフリーランスで仕事が立て込んでくると、個人で捌けるキャ
パシティを軽くオーバーしてしまうことがあります。そのため、世の中
で言われているレベルを超えるほどのブラックワーカーにもなり得ま
す。もちろん好きでやっていて、たくさん稼げるんだからそれでいいと
割り切れたら乗り越えられる可能性はありますが、肉体的にも精神的に
も疲弊してしまって挫折してしまう人もいるでしょう。

しっかりオンとオフを切り替えてリフレッシュをすることは大事ですが、そもそもこのオンオフが器用に切り替えられない人もいるのです。実は私も仕事のオンオフを切り替えるのが苦手です。

　一日何もしないと決めても、常に頭のどこかでプロジェクトのことを考えてそわそわしてしまったり、休み明けの大変さをイメージしてしまったりして全然休めないという状態になります。

　そこで**私にとってのベストな方法というのは、そもそも休みを作らない、オンオフを平衡化する**といったものです。

　たとえば午前中はがっつり仕事をして、午後は家族とカフェに行くけれど、カフェでも私はちょっとパソコンを触る。一緒に買い物にも出かけるけれど、妻に「1時間作業してていい？」と許可をとって、別行動をする（作業に充てる）、などのようにオンオフを平衡化させています。

　言い換えれば、365日が仕事であり日曜日という感じなんです。こうすることで、オンとオフのメリハリがなくなり、モチベーションを定常にすることができます。日曜日の夕方から来る「明日は月曜日か～」という憂鬱がずっとないわけです。

年齢もあってか、一日まるっと遊ぶとか旅行に出かけるというのもしんどくなってきている身としては、この働き方が一番ストレスを感じないで、家族サービスもできてとてもハッピーな働き方だったのです。

　もちろん、この方法をストレスを抱えるすべての人に推奨しているわけではありません。

　大事なのは自分が一番リフレッシュできる方法や内容をしっかりと考えるということです。そしてそれを実行するためには家族や仲間に協力をしてもらう、理解してもらうことも必要だと思っています。

 オンとオフのメリハリをあえて付けないという考え方は新鮮ですね。一度意識してやってみようと思います。

 合う合わないは人によってあると思います。ただ、オフの時間を無理やり確保しようとして身体を酷使したり、まるっと1日休むことがストレスに感じたりする人は、考え方を変えてみるのもいいと思います。

フリーランス歴12年目の
映像クリエイターの1日

フリーランスって仕事づけになりがちですよね。1日の時間配分はどういう感じなのでしょう。

これも人によってさまざまですが、私の1日のスケジュールをお見せしましょう。あくまで一例としてみてくださいね（笑）

映像クリエイターのとある1日

　まずは私のとある1日のタイムスケジュールを円グラフでまとめたものを見てもらいましょう。これは編集作業を行った日のスケジュールです。

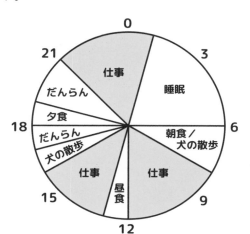

6:00〜8:00　朝食/犬の散歩
8:00〜12:00　仕事
12:00〜13:00　昼食
13:00〜16:00　仕事
16:00〜17:00　犬の散歩
17:00〜18:00　だんらん
18:00〜19:00　夕食
19:00〜21:00　だんらん
21:00〜1:00　仕事
1:00〜6:00　睡眠

グラフを見てみると、一日のトータル作業時間は10時間くらいです。

　これはあまり納期が迫っていない、比較的落ち着いた日の場合ですが、納期が差し迫っているときは、ここから就寝時間を削って、一日中仕事をしていることもあります。

　しかし、127ページでも説明した通り、カフェで作業をしたり、集中力が切れたら愛犬と海辺を散歩したりと、かなりリフレッシュしながら楽しんで仕事をすることができています。

　また、時間に余裕があるときは家族と出かけることもありますが、そういう日のタイムスケジュールはまったく異なってきます。フリーランスだと時間や休みの曜日を調整できるので、土日だと混んでいる（あるいは定休）場所にも平日に行くことができます。これもありがたいメリットですね。

👉 TIPS 10年以上続けている朝食のルーティン

　タイムスケジュールを紹介したついでに、私の習慣についても紹介します。フリーランスを10年以上続けていることと同じように、私にはほかにも10年以上続けている習慣があります。

　それは朝食に納豆と目玉焼きとソーセージを食べるということです。

　これに何の理由やこだわりがあるのか？　と言われたら後付けこじ付けですが、続けることに意味があると思って現在も変わらず同じメニューを食べ続けています。

　かの有名なイチロー選手は現役時代に毎日欠かさず朝食はカレーだったそうです。

　これを知ったとき、私もイチロー選手と同じだ！　と勝手に嬉しい気持ちになりました。それ以降は、毎日欠かさず同じことができるのはすごい能力なんだと意志を固め、毎朝同じ朝食をさらに好んで食べるようになりました。

ポジティブな自責の念で、フリーランス人生をサバイブする

フリーランスを長く続けたいです。考え方で意識しておいたほうがいいことはありますか？

そうですね。「自責の念」という考え方が私がよく意識していることです。

自責することで前に進んでいける

　私たちフリーランサーは、当然多くの要因に業績を左右されます。自分の技術力ということもあれば、クライアントや仲間との人間関係なんていうこともあるでしょう。これらは簡単にいうと、**自分的要因なのか、他人的要因なのか**2つに別れますが、フリーランスとして長く活躍するためには自分的要因（自責）として物事を捉えて考えていくべきだと感じます。

　他人的要因（他責）というのは「なぜあのクライアントはいつもこんなにめんどくさい修正ばかりなんだろう……」などのような、相手の要因という考え方がベースなのに対して、自責の考え方は**「あのクライアントが修正が多いのは、私の事前の資料の伝達力が低いからだ」**という考え方の違いがあります。

後者のほうが常に改善や成長を生み出すことができます。

　自責といっても、何でもかんでも自分のせいにして、自分を責め続けるという話ではありません。効率で考えたときに、大勢いる自分を取り巻く他人を一人一人変えることよりも、**自分が変わることのほうが圧倒的に効率がいいというポジティブな捉え方**です。

次はもっとわかりやすい
資料を作るぞ！

環境を変えることで見えてくることがある

　しかしすべて自責の念で考えられるほど強い人というのはなかなかいないのかもしれません。たとえば「集中力が続かない」ということに対して、「スマホの存在が悪い」という他責と、「スマホを近くに置いている自分が悪い」という自責。当然自責の考え方のほうが解決策に近づくわけですが、どうしても自責ではなかなか対応できない問題はきっとあるでしょう。「部屋が狭いから集中できない」（どこにスマホを置いても近い）という問題に対してはどうにもできませんよね？

　こういった問題が起きたとき、**自責の考え方をさらに最大化してくれるのが「環境を変える」ということだと思います。他人を変えるのではなく、自分を変える。自分をさらに変えたければ環境を変える**ということです。

この環境を変えるということには大小さまざまなケースがあります。

たとえば、あなたが今現在 10 というレベルのスキルを持ったフリーランスだとします。そして日本ではこのレベルのクリエイターが多く、なかなか活躍できないかもしれません。もしここでフィールドを海外に変更した場合、あなたのレベルは 1 にもなるし 100 にもなり得るかもしれないということです。

環境は考え方も変える

そもそも自責の考えができない人も多いでしょう。私も会社員時代は同僚と一緒に上司の愚痴を言い合うのが楽しかったことを覚えています。愚痴の言い合いの楽しさには強い依存症があり、他人も自分も変えられないので抜け出すのはもはや環境を変える以外に方法が見つかりません。

ちなみに愚痴の話とは関係ありませんが、124 ページで話した通り、私は 10 年で 6 回も環境を変えていて（引越し）、6 回目の現在やっと理想的な環境に辿り着くことができました。

環境が変わると、そこで出会う人も自ずと変わってきます。

たとえば、世帯年収が高いようなエリアに住めば、経営者の方々が周りには増えるかもしれません。その人達がどのようにして成功をしているのか、どうすればその人達のようになれるのかなどを知る機会も増える可能性があります。

私は現在、都心から離れた落ち着いた環境に移住しているのですが、そこで出会う人達は、人目を気にしない個性派も多く、とても和やかでオープンマインドの方々が多い印象です。

その憧れからか、私の日常生活もそれに影響されるような形で引っ張られていることを実感しています。

あなたはマニア？
仕事を楽しめていることが大事

 メンタルをコントロールできるように、自分なりのリフレッシュ術を探してみます！

そうですね。でも、どんなに忙しくとも仕事が楽しければ、ストレスが少なくなると思いませんか？

マニアかオタクになるべし

130ページのTipsで、イチロー選手の朝食の話を紹介しました。イチロー選手は打席での袖をまくる動きを必ずすることも有名ですよね。縁起かつぎといった意味もあると思いますが、いずれにせよ、継続できる能力というのは本当にすごいことだと思います。

フリーランスの活動を継続していくことも、こういった**飽きずに欠かさず行う能力というのは大事な要因**になってくるのだと思います。しかし果たして一体どれくらいの人が、自分が信じたことを続けられるのでしょうか？

努力し続けることができる能力があれば、間違いなくフリーランスという働き方を続けるうえで役立つと思いますが、そもそも、その働き方を困難に感じている人、仕事の内容が嫌な人にとっては、苦行でしかないかもしれません。

つまり、**フリーランス活動を長く続けるためには、そもそも自分がやっている仕事を好きでいることや、その分野でマニアやオタクのようになることが一番手っ取り早い**のではないでしょうか。

電車が大好きなマニアの方々はみんな電車に関してこだわりが強く、博識である印象です。

私たちも自分が行っている仕事や活動に関してマニアやオタクになることで、誰にも負けないように知識を蓄えたり研究を続けたり、より一層のスキル向上のために努力をしたりできるのではないでしょうか？

私がフリーランスを続けてこられた理由も究極はそこだと思います。映像制作が好きだから、制作することが楽しいから。

好きじゃないことに対して無理にマニアやオタクになるのは難しいと思います。ですので、今フリーランスで悩んでいる人は、自分がこの仕事に憧れていた頃の初心を思い出して見ましょう。

「好きこそ物の上手なれ」とはまさにこのことですね。

そういう意味では、僕はマニアだと思います。新しいことをどんどん学びたいし、大変だけど仕事はやっぱり楽しいです。

楽しいという気持ちは本当に大切です。日々の充実につながるのはもちろん、自身の成長への近道です。

伸び悩みは気のせい！
成長を認識することが成長につながる

 制作スキルが伸び悩んでいます。どうすればいいでしょうか。

 伸び悩みは誰しも一度は感じたことがあるでしょう。
しかし、本当に成長していないのでしょうか？

SNSを見て自信をなくしてしまう

「SNSを見ていると、すごい作品ばかりで自信をなくす」といった嘆きをしばしば耳にすることがあります。私も生徒さんから「いつまで経っても自分が成長していると実感できない」や「すごい作品ばかりで嫌になってくる」なんて相談を受けることがあります。そもそもSNSがすごい作品ばかりで溢れていると感じるのは当然です。**多くの人に「いいね」や「シェア」が行われている投稿は、おすすめ表示としてタイムラインに表示されやすいので、クオリティが高い、面白い作品が多いというのは当たり前です。**

しかし、**世の中のみんなのレベルが高いというわけではありません。**まずはこの誤解を解かなければ、あなたはいつまで経っても自信を持って活動していくことができません。

成長に気づくことがまず大切

　たくさん努力しているのに私は全然成長していないと感じてしまうのは一体なぜなのでしょうか。先ほども書いた通り、SNSですごい作品に圧倒されてしまうから？　収入が安定しなくて不安になってしまうから？

　努力をしているのであれば、ほぼ間違いなくすべての人が成長をしているはずなのですが、それでも自分が成長を実感できないということはあると思います。

　そこで必要なのは、**自分が成長していることへの「気づき」**です。

　ゲームであれば、レベルアップしたら華やかな効果音と演出で成長に気づくことができます。もちろん現実世界では自分のレベルアップの通知機能なんていうものは存在しません。ですので、自分でレベルアップしたことに「気づいてあげる」必要があるんです。本当はレベルアップしているのに、通知機能をオンにしていないから、世の中のすごい作品を見るたびに、全然追いつけないように感じてしまうのではないでしょうか。

　「私って本当に成長しているのかな？」と疑問に思っている時点では確かに成長しているとは言い難いかもしれません。**何のステータスが上がったのか、何の技やアイテムを手に入れたのかわからないレベルアップは、それを武器（自信）として有効活用できない**からです。

　これを「私って成長しているかも？」と気づいてあげることこそがさらなる成長につながるのです。

小さな成長を積み重ねよう

　成長に気づくためには、単に成長を感じられるように意識するだけです。本当にそんな簡単なことなんです。

　71ページでSNSの投稿のコツとして、投稿のハードルを下げられるだけ下げるということを紹介しました。これとまったく同じです。

　まずは成長を感じるためのハードルを下げられるだけ下げましょう。大きな成長は小さな成長の積み重ねでしかありません。その小さな成長は毎日でもできるのですが、これは意識しないと感じられません。

　それはまるで毎日のTo Doリストのようなもので「今日はこれを覚えよう」と決めて習得する。小さなことですが、今日は一つ成長したと気づきます。明日はしっかりした提案書を作れるようにデザインを調べてみようと意識する。それが達成できたら、デザインに関して一つレベルアップしたと気づくわけです。これを365日行ったらどうでしょうか？　レベルが365も上がっているということですが、それでも私って成長しているのかな？　と疑うようでしたら、単純にあなたが必要とするレベルにまだ届いていないか、あるいはあなたが鈍感でしかないということです。

　前者は理想や目標が現時点では高いだけで、時間や経験と共に成長実感として追いついてくれることでしょう。

　では後者の場合はどうでしょうか？　鈍感につける薬はないとは言いません。きちんと方法はあります。

僕も、To Doは毎日こなしていますが、それでも成長が実感できない鈍感タイプかもしれません。

あらら……。では次の方法だったら成長を実感できると思いますよ。

環境に気づかせてもらう

自分の成長になかなか気づけない人は、他人や環境に自分の成長を気づかせてもらうという方法が簡単でしょう。

たとえばクライアントや仲間から「すごいクオリティ上がったよね？」と言われたら、その瞬間はものすごく自分の成長を実感できると思います。

ではどのようにしたら他人からそのように気づきをもらえるのでしょうか？　これも答えは簡単で、SNSを使うのが一番手っ取り早い方法です。

アウトプットの重要性はここまで何度も説明してきました。SNSに投稿することで、誰かしらがいいねをくれたりコメントをくれたりします。この**他人からの反応はあなたの成長のレビュー**と言ってもいいでしょう。コメントで「〇〇さんのコンテンツはとても温かみがあって好きです」などと言ってもらえたらダイレクトに成長を感じることができるでしょう。

私はよくSNSを自分自身のテストマーケティングとして活用することがあります。

　たとえば、プライベートで何か作品を作るとして、よし今回はなるべく多くの人から「感動した」とコメントがもらえるような作品を作ろう、などと決めます。そして作った作品をアップして、求めていた内容のコメントが来たときに、自分自身はこういったジャンルも狙って作れるんだと成長（自信）に気づくわけです。

　このようにSNSを駆使すると自分の成長にも気づきやすくなるわけです。

> 確かに人から言われると、成長に気づくことができますね。作品をほめられた嬉しさもあって、記憶に残ります。

> そうですね。周りから見たあなたは、自分が思っているよりもずっと成長できているんですよ。

凹むときは凹むもの

　いくら小さな成長の気づきを積み重ねても、クライアントワークなどではうまくいかず、自分自身の成長を疑って凹むものです。

　しかしそれさえも心配する必要はありません。10年以上やっていてもそういうことはあります。それはクリエイティブな仕事は決まった型があるわけではないからです。

ポジティブに捉えると「未経験」（未だ出会えていない成長）分野が存在するということなのです。

　映像でいうならば、ある程度得意なカラー表現を習得できたとしても、依頼されるコンテンツは千差万別です。モーショングラフィックスが得意になったとしても、依頼される内容には「これまでやったことがない」といったオリジナルな要素が入ってくる可能性があるわけです。

　私が自分自身で胸を張ってプロと言える技術、それは毎日の歯磨きや掃除機がけなどです。歯磨きなどに関しては、親にやってもらっていた幼少期を除く、何十年ものキャリアがありますから。

　しかしそんなプロ技術を持ってしても虫歯にはなるんです。新しい技術（電動歯ブラシなど）だってどんどん出てきます。

　どうせ明日にはまた何か新しいことにつまずくのです。だからこそ、そんなことよりも毎日の小さな成長をしっかり実感し続けていくことのほうが大切だと思っています。

　伸び悩みは気のせい。小さな成長への気づきを積み重ね、大きな成長につなげていくことで、最終的には強いフリーランスになれると私は思います。

事業が軌道に乗ってきたら
税理士に依頼を検討してみよう

確定申告やお金の管理が苦手です。制作に充てる時間も削られています。

フリーランスでお金の管理に頭を悩ませている人も多いでしょう。私も専門家に頼っていますよ。

税理士さんに頼ったほうがいい理由

　3月15日はフリーランスにとって大切な確定申告の締切日です。毎年この時期になると多くの人が業務に忙しい中で時間を割いてレシートと睨めっこをしていることでしょう。もしある程度事業が軌道に乗ってきたら、私は**税理士さんに確定申告を依頼する**ということをおすすめしています。

　理由はいくつかありますが、1つはもちろん**時短**です。3月というのは、多くの企業の決算月ということもあり、年初あたりから比較的仕事が増えるタイミングかもしれません。そこで慣れない確定申告作業に何日も何日も貴重な時間を奪われてしまっては、制作の機会損失になってしまうでしょう。であるならば、税理士さんを積極的に頼って、自分は事業にフォーカスしていたほうが効率的ではないでしょうか。

確定申告は慣れていれば自分でも問題なくできると思いますが、それでも新しく住宅を購入したり、車を買ったり、何かイレギュラーなことがあったりすると申告処理の仕方について悩むかもしれません。請求と入金が若干違うといったことや、経費の按分の割合をどうしたらいいのかなど、**軽微な疑問が積み重なって莫大な時間を失ってしまう**わけです。

　近年ではインボイスについても悩みの種になるのではないでしょうか。

　そういったことに対してもプロである税理士さんの存在は、相談役としてとても心強いというものです。

確かに専門家に頼ることで、より制作に集中できそうです。少し敷居が高いと感じていましたが、今後のためにも依頼してみようと思います。

特にフリーランスを始めたばかりの頃は、制作業務で手一杯。確定申告の時期に大慌てで書類を準備するということもあるでしょう。
実際に依頼するかはさておき、どれくらいの予算でどういうことをやってくれるのか、というのを把握しておくだけでも安心材料になります。

実際どういう流れで依頼しているのでしょうか？

私のケースをご紹介しましょう。

税理士さんへの依頼の流れ

　毎年お願いしていると、年々処理もスムーズに行えるようになります。私がお願いしている税理士さんには、毎年1月の下旬くらいまでに対象のレシートや資料を一気にまとめて送っています。何かこちらから特筆事項があるときは、Googleスプレッドシートを共有して、そこで税理士さんとやり取りをしています。無事申告が終わると、立派なフォルダに申告書を入れて送り返してくれるので、それらをきっちりと保管しておくだけです。もし自分でやっていたら、こういったまとめ作業や保管作業も雑になりそうなので、それだけでも依頼する価値はあると感じています。

　もし自分の仕事の分野に精通している税理士さんだったら、さらにさまざまなことの相談に乗ってくれるかもしれません。ちなみに私は昨年40万円もする高価な三脚を購入したのですが、税理士さんから2回も「これ何かの間違いですか？」と質問された一幕がありました。間違いではなかったのですが、こういった指摘ももらえるので申告に不安がある人は安心です。

一人で行っているとミスにも気づきにくいので、不確かな点を指摘してくれるのはありがたいですね！「三脚が40万円！？」と驚く気持ちもわかります（笑）

自分の分野に詳しい税理士さんを見つけられたら、いろいろと相談しやすいですね。

第  章

クリエイティブ系
フリーランスの
お仕事年表

フリーランスで長く働くクリエイターの方のお仕事
年表を見てみましょう。さらに、キャリアの中で大変
だったことや大切にしていることなど、フリーランス
を目指す人にも参考になるインタビューの内容も
必見！

映像クリエイターの 12年年表

プロフィール　金泉 太一（https://crosseffects.jp）
Cross Effects 主宰。大学卒業後、カナダのトロントでダンサーとして活動をし、いくつかのMVや多数のイベントに出演。帰国後は広告代理店にて数々のセールスプロモーションを担当。故郷の東日本大震災被災後、独立。ワンストップ制作を得意とする。

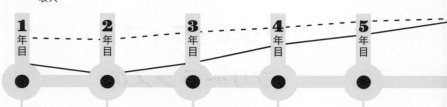

───── QOF（Quality Of Freelance）※フリーランスライフの充実さを表す指標です
- - - - - 収入

1年目	2年目	3年目	4年目	5年目
多くの仕事を受注したが知識や経験のなさから大変なワークスタイルになってしまう。売り上げは1000万を超える。	機材投資費が重なり、毎月の返済額が50万以上に。「動画名刺」という自分のサービスを始める。	返済額は依然多いままで支払い圧につぶされそうに。背水の陣だが仕事量は伸び続ける。	初めて海外の大きなプロジェクトに参加。自信がかなりついた。借金は変わらず圧迫し続ける。	自身も学んだ学校と仕事の取引ができることになる。教育分野にも目を向け始めた。

フリーランスの道に進まれたきっかけは何ですか？

東日本大震災で地元が被災したんですが、私は東京で働き始めたばかりということもあって、家族の無事は確認できたものの、すぐに駆け付けられなかったんですね。その危機感のようなものから、もっと自由に動ける働き方を考えだしてフリーランスという選択をしました。

Q フリーランス1年目はどんなことをしましたか？

A とにかく身内などの周りに自分の仕事を周知していきました。
そこから仕事が広がっていき、仕事をもらえていました。制作
の話でいうと、プライベートを含めて1年で140本くらい映像を制作し
て、そのたびにSNSに公開するという作業を繰り返していました。

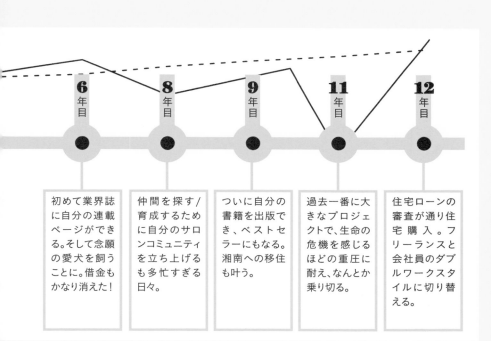

6年目	8年目	9年目	11年目	12年目
初めて業界誌に自分の連載ページができる。そして念願の愛犬を飼うことに。借金もかなり消えた！	仲間を探す/育成するために自分のサロンコミュニティを立ち上げるも多忙すぎる日々。	ついに自分の書籍を出版でき、ベストセラーにもなる。湘南への移住も叶う。	過去一番に大きなプロジェクトで、生命の危機を感じるほどの重圧に耐え、なんとか乗り切る。	住宅ローンの審査が通り住宅購入。フリーランスと会社員のダブルワークスタイルに切り替える。

Q 独立初年度に苦労したエピソードはありますか？

A 初年度は知識がなさすぎてクライアントのやりとり一つを
とっても苦労しました。納品フォーマットのことを言われても
わからない、何が正解かわからないという状態でした。当時はメンター
という存在もいなかったので、相談できる相手がいませんでした。だか
らこそ、自分自身が誰かのメンターになれたらと思って活動しています。

Q 仕事がないときはどうしていましたか？

A 幸いにも仕事が途切れたことがなく、今までやってこられました。仕事を途切れさせないために、リピートしてもらうにはどうすればいいか、新しい仕事につなげるために対策はないかというのを常に考えていたので、それがよい結果になったということかなと思います。ただ借金はしばらくあったので、順風満帆というわけではなかったです。

Q 借金というのは具体的にどういうものですか？

A ショッピングローンですね。映像の場合撮影機材がすごく高いというのもありますし、交通費なども撮影で遠出をするとかかるので、独立から3年目4年目のあたりは苦しかったです。背水の陣だから頑張れたという部分もありますが、精神衛生上よくはないので、おすすめはしないです。

Q 仕事をするうえで大切にしていることは何ですか？

A この本でも仕事に対するマインドに関してはいろいろ紹介してきましたが、それ以外のところでいうと先祖を敬う気持ちというのを大切にしています。自分にできることはすべてやりつくしたから、あとはご先祖さまと対話でもしようかなというくらいの気持ちでお墓参りにもよく行きます。

Q **12年を振り返って一番大変だったことは何ですか？**

A 年表にもありますが、いまだかつてない大きなプロジェクトに出会ったことです。フリーランスは守られていないからこそ、それが失敗したり、損益となったりした場合、自分にどんなことが降りかかってくるのだろうという怖さがありました。なんとか乗り切って本当にほっとしました。

Q **12年の中で大きな転換期などはありますか？**

A 湘南への移住は大きな出来事でした。湘南に住むのは長年の夢だったのですが、仕事の関係もあって実現できずにいました。都心から離れられる仕組みを自身で作れたこと、さらにそこで出会った人やゆったりとした空気感からいい刺激をもらえていることも、大きな変化につながっています。

Q **フリーランスになりたいという相談を受けることはありますか？**

A そうですね。そういった相談を受けることもあります。そういうときはまずどれくらいの覚悟や意志の強さがあるのかというのを聴いて、アドバイスするようにしています。「やめたほうがいい」と言って「じゃあやめておきます」というくらいであれば続けるのは難しいと思いますし、それ以上にフリーランスに楽しさを見出している方であれば背中を押しています。

編集・ライターの 10年年表

プロフィール 池田 圭
編集者、ライター。登山、キャンプ、サーフィンなどの雑誌編集部を経て、2015年に独立。以降はアウトドア媒体を中心に、ライフスタイル、街歩き、育児などのメディアを手がける。

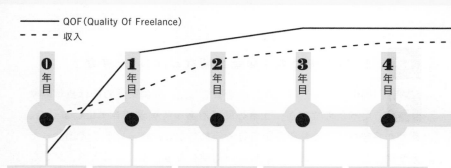

―――― QOF（Quality Of Freelance）
----- 収入

0年目
仕事量が多く、休日でもなかなか休めない状態から独立を考え始める。

1年目
ありがたいことに独立直後から継続的に仕事をいただき、収入面の不安は1年目からなかった。

2年目
独立直後から3年間は、友人の紹介で編集プロダクションに籍を置く。交流の場としてメンタル面の拠り所にもなった。

3年目
会社員時代、趣味系の本を編集していたので、3年経つまでは競合媒体の仕事控えていた。仕事のペースも掴み、この年に結婚。

4年目
競合他誌の仕事も請けるようになり、取引先の数が一気に増加。

Q フリーランスの道に進まれたきっかけは何ですか？

A 会社員時代は月刊誌を担当していたのですが、人手が少なかったこともあって仕事量がどんどん増えてしまいました。もともとこの仕事が好きだったので、忙しさからクオリティが保てなくなるというのが嫌だったんですね。それで独立を決意しました。

Q 年表を見ると、6年目で収入は上がって、QOFが下がっています。これはなぜでしょうか？

A ライターの仕事の楽しい部分は、知らない場所に行ったり、人に会って話したりすることだと感じていたのですが、コロナ禍でそれが減ってしまったからですね。ただ、この時期に編集の仕事がすごく多くなってそれは勉強にはなりました。

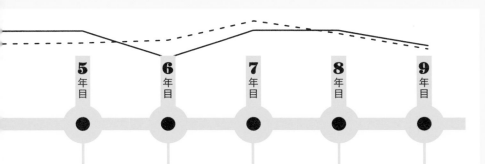

5 年目

仕事のペースができ、年に数度、大きい休みをまとめてとるようになる。旅先でもできる仕事の回し方がだいぶ確立できてきた。

6 年目

コロナ禍で仕事が減るか、と思いきや、逆に仕事が増えた印象。この年を機に、ウェブ媒体の仕事が増え始める。

7 年目

前年から引き続き仕事が増え、収入面だけでみると、この年が過去一番。

8 年目

子供が生まれ、働き方や遊び方の見直しを迫られる。子供と過ごす時間が確保できる仕事をメインに切り替えた。

9 年目

子供と過ごす時間と最低限仕事をする時間を作るバランスを発見。フリーランスだからこそ、できることだなと感じる。

Q 独立後、苦労したエピソードがあれば教えてください。

A 私の場合は独立後すぐに仕事をいただけたこともあり、あまり苦労した記憶はありません。30歳を過ぎて、ある程度基盤ができてからの独立だったというのも大きいかもしれません。独立後3年間は編集プロダクションに籍を置いていたのですが、そこでフリーランスの先輩たちに相談することもできたので不安もありませんでした。

Q フリーランス歴9年ということですが、この9年で仕事に変化はありましたか？

A 扱う媒体の割合が変わった時期はありました。独立後しばらくは紙媒体での仕事が8割9割だったのですが、コロナ禍でデジタルの割合がすごく増えて、今では半分くらいはデジタル媒体の仕事をしています。働き方の面でいうと子供が生まれてからは遠出の仕事を減らしました。子どもと遊ぶのが楽しいので、すぐに家に帰りたくなってしまう（笑）子どもとの時間を大切にするために、家にいながらできる仕事を増やしました。

Q 仕事の際に心がけていることはありますか？

A なるべくいつも楽しめるように心がけています。山での仕事でいったら、重い荷物を背負って遠い道のりを進むわけですから、仕事自体を楽しく感じられなかったら続けていけないですよね。逆に言うと、しんどいばかりで楽しくないなら、自分には合わないと思ってその仕事は辞めたほうがいいかもしれません。

Q お仕事道具、三種の神器のようなものがあれば教えてください。

A ライター・編集という仕事柄、ノートパソコン、それとポケットWi-Fiは必須です。アウトドアや地方での仕事が多いのでポケットWi-Fiもそういった環境でも電波が強いものを使っています。あとは車でしょうか。この3つだけあれば、私の仕事は成り立ちます。

Q 仕事の獲得方法を教えていただけますか？

A 仕事仲間（遊び仲間）づてに依頼がくることがほとんどです。あとは会社員時代に頑張っている姿を見てくれていた人から依頼をもらえることもあります。意外と、ときが経って仕事につながることがあるので、そのときどきの仕事を精一杯頑張る姿勢は大事だと思います。

Q 理想とするライフスタイル、ワークスタイルはありますか？

A やっぱり遊びに軸足があるのがすごくいいなと思っています。昔、サーフ系の雑誌の取材でカリフォルニアの有名なサーフポイントに行ったのですが、海から上がってきてウェットスーツのままパソコンで仕事をしている人がいました。ひと仕事終わったらまたすぐ海に戻っていって……それがすごく印象に残っています。

Q フリーランスを続けるうえで大切にしていることは何ですか？

A 1つは「どんな仕事でも手を抜かない」こと。簡単な仕事でも、ギャラが安い仕事でも手を抜いてしまうと、それが自身の履歴書になってしまいます。もう1つは「自分はこれしかできないと決めつけない」ことです。自分にできることというのは案外周りの人が決めてくれる。客観的に見た自分はこんなこともできるように見えるんだと考えて、いろいろな仕事を引き受けているうちに、仕事の幅や世界も広がると思います。

Webグラフィックデザイナーの 10年年表

プロフィール 西小路 瑶子（https://hitode.myportfolio.com）
1988年京都生まれ。大学卒業後、東京の広告制作会社で5年間グラフィックデザイナーとして経験を積む。自分の行動範囲や視野を広げるため1年間アメリカへ語学留学した後、京都に戻りフリーランスとして活動を開始。

―――― QOF（Quality Of Freelance）
---- 収入

0年目
語学留学でほかの国の人々の生き方に刺激を受け帰国、半年ほどWebデザイン会社で経験を積み、フリーへ。

1年目
大阪のシェアオフィスに入り、交流会への参加やポートフォリオを用意しながらたくさんの人と会う機会を増やす。

2年目
昔働いていた東京の会社から少しずつ仕事をもらうようになる。英語を忘れないようにガイドのバイトも始める。

3年目
定期的な仕事もあり、安定感が出てくる。フリーになったときに目標としていたアメリカへの長期旅行を実現。

4年目
大阪から離れて京都のコワーキングに移動したことで新しいつながりや仲間ができる。

Q フリーランスの道に進まれたきっかけは何ですか？

A 1年ほどの留学を経て地元の京都に帰ってきたんですけど、留学前は東京で働いていたこともあって、東京と関西どちらも行き来しながら仕事をしたいと思うようになりました。フリーランスであれば、そういった働き方もしやすいと考えるようになったのと、留学経験自体も大きなきっかけになりました。

Q 留学経験で働き方に対する考え方は変わりましたか？

A そうですね。アメリカに留学したときにいろいろな国の人と出会ってすごく刺激を受けました。ホストファミリーの方々も、朝早くから仕事はするけど夕方には帰ってゆっくりと過ごす……自分の生活をすごく大事にしているなというのが印象的で、私自身もワークスタイルを見直したいと考えるようになりました。

5年目
コロナ禍に突入するが、以前からリモートワークだったので、仕事が減ることもなく、年収も上がる。

6年目
外に出づらい環境だったので、フリーランスの友人と家で一緒に仕事をしたり、ワーケーションしたりして過ごす。

7年目
高校の友人を通して地元の案件をもらうようになったり、フリーランスのつながりでチームを組めるようになる。

8年目
新しいコワーキングに入り、そこでまた新しい人とのつながりが増える。制作会社案件の減少で、年収が下がる。

9年目
同世代の個人事業主のつながりが増えて、個人の案件の相談が増えるようになってきた。

Q 独立後にすぐ仕事の依頼はありましたか？

A 最初はなかなか仕事につながらなくて。留学後に半年ほど在籍していたWebデザインの会社の仕事をもらうこともありましたが、それだけでした。以前勤めていた東京の会社に挨拶に行ったり、フリーランスの友達に相談したりしていました。そこから大阪のシェアオフィスに入り人とのつながりができたことで少しずつ仕事が増えました。

Q 苦労したエピソードがあれば教えてください。

A 最初の1、2年は経験が浅いので、あまりやったことのないような案件でも「やります！」と言って仕事をもらっていたので、制作にもすごく時間がかかって大変でした。あとは、案件を進めている途中で依頼先から連絡が途絶えるということも。自分のデザイン案がよくなかったのかなと考えて気持ちを切り替えました。

Q 3年目以降は安定して仕事がずっともらえているということでしょうか？

A そうですね。仕事柄、月によって波はすごくあるんですけど、1年トータルで見ると安定して仕事がもらえているという感じです。私はずっとオンライン環境で仕事をしていますが、今は周りもオンライン化が進んでいるので、その分仕事が入ってきやすいというのもあります。

Q 仕事をするうえで大切にしていることは何ですか？

A いろいろな人と関わるようにしていて、その人達とのつながりを大切にしています。新たな出会いを求めて仕事をする環境を変えていることもそうですが、仕事の依頼に関しても、どんな内容であれ自分ができる内容であれば一度引き受けてみるというスタンスでやっています。

Q 年表の6年目にあるワーケーションという働き方について詳しく教えてください。

A コロナ禍になり家に篭ることが増えたので、フリーランスの友人と仕事を持って奈良の自然の多い場所に少し長めに旅行に行くなどしました。そこでそのエリアのコワーキングスペースや宿で仕事をしつつ、空いた時間で観光も楽しみました。仕事は家でもできますが、息抜きにもなりますし、フリーランスだからこそできる働き方だなとは思います。

Q 現在の仕事の獲得方法を教えていただけますか？

A やっぱり人とのつながりで仕事をもらえることが多いですね。以前勤めていた会社から今でも仕事がもらえているというのと、ときどきあえてコワーキングスペースを変えてそこでまた新しい出会いから仕事につながるということもあります。そういう風に少しずつつながりが広がっていって今があるという感じです。

Q 今後の目標はありますか？

A 今まで制作会社など企業から定期的に仕事をもらえることが多かったのですが担当者が変わると途絶えてしまうということもあるので、それに頼りすぎずに、個人の案件も受けていこうと考えています。周りにフリーランスの人が増えてきているので、その人達とチームを組んだり、私自身も勉強して新しいスキルを獲得したりということもしていきたいです。

Webデザイナー、エンジニア、講師、
多くの肩書を持つ

Webエンジニアの
10年年表

プロフィール 小菅 達矢（https://arrown-blog.com）
ベンチャー企業でフロントエンドエンジニアを行う傍ら、G's ACADEMYでCAMPや
法人向け講座・大学や専門学校での講師業をしている。

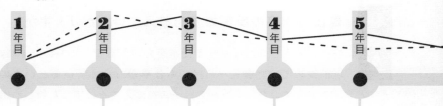

— QOF（Quality Of Freelance）
--- 収入

1年目
転職活動がうまくいかず、フリーランスという働き方を選択。仕事探しの中でプログラミングの勉強に励む。

2年目
以前働いていた専門学校の人脈を活かし、Web制作の仕事を受ける。来た仕事はすべて受けるという馬車馬の日々。

3年目
前年に引き続きWeb制作業を中心に地方に関連した仕事も経験する。この年、結婚する。

4年目
制作業と兼任して専門学校の講師としても活動するようになる。

5年目
Webエンジニアの仕事に本格的に関わり始める。更新を続けていたブログ経由で仕事をもらうこともあった。

Q フリーランスの道に進まれた理由は何ですか？

A 私の場合は、転職活動が上手くいかなかったというのとお財布事情もあって、一旦その選択をせざるを得なかったというのが理由です。転職活動の一環としてレベルの高いプログラミングを学ぶ機会があり、この経験から自然とフリーランスの道に進んでいったという感じです。

Q フリーランス1年目はどんなことをしましたか？

A フリーランスにならざるを得なかったという状況もあり、人づてに仕事探すことに奔走していました。その後も人脈の輪がどんどんと広がり、幸いなことに現在に至るまで、仕事はほぼ紹介がきっかけです。

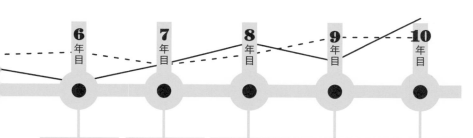

6年目 仕事の失敗など上手くいかないことが続く。多くの仕事を手放して仕事を絞る。海外旅行で語学にも目覚める。

7年目 コロナの影響で仕事が減るも、たまたま知人がCOOをしていた会社でエンジニアの仕事に関わり始める。

8年目 法人研修の仕事や多拠点居住サービスの家守業を始める。この頃から英語や中国語など語学学習にのめり込む。

9年目 父親とのケンカで寝込んだことをきっかけにコーチングと出会う。

10年目 今一度プログラミングに没頭し、今後の人生軸を見つけるために専門学校に通い充実した時間を過ごす。

Q 仕事がないときはどうしていましたか？

A 専門学校などの教育関連の仕事があったこともあり、幸いにも仕事がまったくないという期間はこれまで一度もありませんでした。仕事が落ち着いていた時期はブログなどの発信をひたすら強化していました。ブログは9年続けていますが、ブログ経由で仕事をいただくこともあり、本当に助けられています。

Q　10年を振り返って一番大変だったことは何ですか?

A　やはり1年目の仕事探しで駆け回っていた時期は本当に大変でした。とにかく生きるのに必死という感じで（笑）それから年表にもありますが、6年目は仕事の失敗など、とにかく上手くいかないことが続き落ち込みました。ただ、振り返るとその1年目と6年目の出来事がそれ以降の転機となるきっかけになったことは間違いないと思います。

Q　仕事で失敗したエピソードなどはありますか?

A　教育関連の仕事やWeb制作（デザイン、プログラミング）の仕事など、多くの仕事を請け負っていた時期に、期日に間に合わないという失敗をしてしまったことがあります。仕事を請け負いすぎて自身がいっぱいいっぱいになってしまったことから、さまざまな仕事を整理し、いくつかを手放すことにしました。

Q　仕事を絞ったことで状況が改善したということでしょうか?

A　そうですね。3年くらいはそのままエンジニアの仕事一本で安定してやっていました。それから先ほどお話しした仕事で失敗したあとの話なのですが、海外旅行に行けたことも大きいです。1週間ほどの滞在だったのですが、そこで語学の面白さにも気づいて、活力を取り戻したことも状況がよくなるきっかけになったと思います。

Q 精神的に落ち込むことはありましたか？

A 仕事のことではないのですが、父親とのケンカをきっかけに寝込むほど落ち込んだことがあります。そこでキャリアカウンセリング、コーチングなどさまざまな形で、いろいろと話を聴いてもらう機会がありまして。それがきっかけで現在はコーチングの勉強も始めました。自分の状況や気持ちを整理することは本当に大事なことだと実感しました。

Q この10年で収入面での大きな変化はありますか？

A Web制作を中心にしていた1年目2年目あたりは、がむしゃらに働いていたこともあって、収入は多かったように思います。ただ、そういう働き方は長くは続けられません。3年目以降は仕事をセーブしたり逆に新しいことを始めたりしていますが、どの年も収入源は違えども金額でいうとあまり大きな変化はないように思います。

Q フリーランスを続けるコツなどはありますか？

A 人によって働くスタンスはさまざまだと思いますが、私は人とのつながりやそれによって得た刺激が、新しいことを学んだり仕事をしたりする原動力になっていると思います。内にこもらずに、いろいろな人と関わることで、自己表現や新しいことにチャレンジしてみようという気持ちが生まれてきて、それが現在までフリーランスを続けられていることにつながっていると感じています。

フォトグラファーの
10年年表

プロフィール オオイシケンシロウ（https://www.instagram.com/ken.photo_mint/）
タマイロ寫眞店（しゃしんてん）店主。大学卒業後、一度は営業職に就くものの写真の道へ。
結婚式の撮影会社に2年半勤務し独立。現在は多摩エリアの家族写真ブランド、タマイ
ロ寫眞店を運営する傍ら、月2組限定で全国各地に出張で結婚式当日の撮影を行う。

―――― QOF（Quality Of Freelance）
－－－－ 収入

1 年目

勢いで独立したものの個人の仕事はなく勤めていた会社からの孫請け業務でスケジュールを埋める日々。

2 年目

少しずつつながりができ結婚式以外の撮影が増えるも肝心の結婚式撮影の個人受注は増えず。

3 年目

起業や集客に関するセミナーに参加。自分にビジネスの知識がまったくなかったことを知る。

4 年目

少しずつ個人で依頼が来るようになる。集客の面白さ個人で受注しての撮影のやりがいに魅了される。

5 年目

一気に仕事が増え全国から依頼が来るようになる。目標としていたBtoCの撮影だけで生活できる水準に。

Q フリーランスの道に進まれたきっかけは何ですか？

A もともと結婚式の撮影会社で社員として働いていたのですが、撮影以外の業務も多かったんです。そこからもっと自分のお客さんに向き合いたいという思いでフリーランスの道に進みました。

Q フリーランス1年目はどんなことをしましたか？

A 求人に応募し仕事を得ながら、同時にWebサイトやSNSなど個人受注を得るための土台の準備をしていました。しかしまったく成果が得られず、正直なところ1年目は五里霧中の状態で、根本的な方向性の見直しが必要だと感じていました。

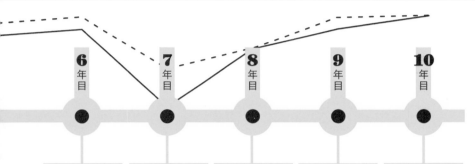

6年目	7年目	8年目	9年目	10年目
順調に仕事が増え充実した日々を送る。	コロナの影響で結婚式は軒並中止。撮影も減り突如どん底に突き落とされる。家族写真ブランドを立ち上げる。	ピンチをチャンスに。受け身ではいけないとフォトスタジオオープン。焦らず長期的な目線で種まきを続ける。	家族写真が軌道に乗ったタイミングで結婚式撮影の依頼も戻る。行政や法人からの受注も増加。	家族写真を軸に多方面から依頼。専門学校から写真学科の非常勤講師のオファーをもらうなどQOFは過去最高の水準に。

Q 仕事が増えたきっかけは何ですか？

A 5年目から仕事が増えたのですが、3年目に集客セミナーなどでビジネスについて学んだ経験が活きてきたという感じだと思います。セミナーを受講して、集客方法一つをとっても本当に自分は何もわかっていなかったというのを実感しました。

Q **お仕事柄、コロナの影響が大きかったのでしょうか？**

A そうですね。コロナの影響で、結婚式もキャンセルが相次いで式場での撮影はほぼゼロという状態になりました。新郎新婦の方も大きなショックを受けているというのはわかっていたので、キャンセル料も言い出せず……収入面でもこの時期は厳しかったです。ただこのことが家族写真ブランドを立ち上げるきっかけにもなりました。

Q **フォトグラファーの業界としての現状はどうでしょうか？**

A SNSの普及もあって、フォトグラファーの数は増えていますが、競争の激しい業界だと思います。価格破壊が起きているというのも聞きます。私の場合は、地域密着型のフォトグラファーというのが上手くいって今に至りますが、新しいサービスや自分にしかできないことをやらないと、それだけで食べていくのは厳しいのではないかと思います。

Q **仕事をするうえで大切にしていることは何ですか？**

A 独立当初の仕事がない時期に感じたんですが、想像以上に誰も自分に興味を持っていない。だからすぐに結果が出ないのは当たり前という考え方です。自分の本当にやりたいことを見つけて、それをずらさずにコツコツとやり続けることがやっぱり一番重要、一番強いと思っています。

Q 10年を振り返って一番大変だったことは何ですか？

A 自分で仕事を生み出していくマインドに切り替えることが大変でした。ウェディングや家族写真業界では撮影会社から仕事をもらうことが一般的なので、それなりの経験値や技術があって、撮影会社に登録していれば生活はできるんです。だからどうしてもそこに甘えてしまう自分がいて、受動的な活動から抜け出せず、個人受注を増やすためのノウハウもなく勉強方法もわかりませんでした。

Q 普段お仕事で使うツールなどを教えていただけますか？

A 機材以外のところでいうと、和傘やお花、造花に家具などでしょうか。これらは写真に映すためだけの備品ではありません。たとえば七五三などで装飾として使うために和傘を何本も持っているのですが、こちらから提案しつつもお子さんに好きな柄を選んでもらうことも多いです。そうすると笑顔を見せてくれたりとコミュニケーションの道具にもなっています。限られた時間の中で少しでも距離が近づくよう力を貸してくれる存在ですね。

Q メンタルリフレッシュの方法などはありますか？

A 仕事が軌道に乗り始めた5年目に現在暮らしている多摩地区に引っ越したのですが、そこで出会ったカフェに通うことがリフレッシュになっています。店主の方が、偶然にも同じウェディング業界で長年働かれていたこともあって、お互いの近況を話したり、そこを憩いの場として集まる地域の方々と交流したりすることもできるので、ありがたい環境だと感じてます。

イラストレーターの 30年年表

プロフィール 原田 香 (https://haradakaori.myportfolio.com/work)
制作会社を経てデザインとイラストの二刀流でフリーランスへ。Gデザイナー時代の経験を活かして案件にマッチするタッチを提案するスタイルで仕事を受注した結果、作家としては大成できぬも、細々と業界の片隅で命を長らえて現在に至る。

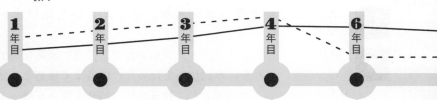

―― QOF (Quality Of Freelance)
‐‐‐‐ 収入

1年目
転職の合間にグラフィックデザインとイラストの仕事を引き受けた流れでぬるっとフリーランスへ。

2年目
イラストの仕事の比率が高くなり、グラフィックデザイナーを廃業、イラスト一本での営業に移行。

3年目
インプレスのインターネットマガジン創刊の立ち上げに参加。編集部から送られたMacを猛勉強してデジタルに移行。

4年目
何でもやりたい無節操な時期で半立体のペーパークラフトイラストレーションなどにも挑戦。

6年目
結婚、出産。自分の手での子育てにこだわったため、物理的に仕事時間が減り、収入が激減。

Q どういうきっかけでフリーランスの道に進まれたのですか？

A もともとグラフィックデザイナーとして企業で働いていました。デザイナーとしてイラストレーターさんにイラストを発注する側だったのですが、自分で描いたほうが早いなと感じるようになったこと、そして当時景気がよかったこともあってフリーランスへの道に進みました。

Q フリーランス1年目で新しく学んだことはありますか？

A 私の場合は、比較的スムーズにフリーランスの道へ進むことができたので、1年目で新しく学んだことと言えば「確定申告」ですね。当時、税理士さんに頼るということをしなかったので、先輩のフリーランスの方から情報をいただいて、そこから勉強しました。

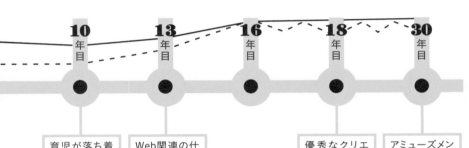

10
年目

13
年目

16
年目

18
年目

30
年目

育児が落ち着いたタイミングで仕事を増やすため、ポートフォリオを抱えてお付き合いのあった編集さんを回り営業。

Web関連の仕事も増えIllustratorのベジェ曲線を使ったイラストの割合がぐっと多くなった時期。

優秀なクリエイターさん達とのお付き合いが増え、仕事に対する姿勢など、今更ながらいろいろな意味で刺激を受ける。

アミューズメント施設の展示の仕事など新しい分野のご依頼も増えた今日この頃。まだまだ挑戦の気持ちは衰えません！

Q 30年を振り返って大変だったことはありますか？

A 年表にもある通り、子育て中は仕事をセーブしていたので、そこからまた仕事をもらえるように立て直すときは多少の苦労がありました。いわゆる飛び込み営業のような手法はやっていませんが、ポートフォリオを持って知人や以前取引のあった会社などを訪ね、仕事を紹介してもらうなどしていました。

Q 仕事の獲得方法を教えていただけますか？

A 私の場合は、運がよかったとも言えるかもしれませんが、仕事
関係のつながりや知人を通して依頼されることが多いです。あ
りがたいことに、1つ仕事をもらって、そこから広がっていくという感
じで今まで続けられています。仕事が少ないときも、ギリギリほかのア
ルバイトをしなくてもやっていける程度には収入がありました。

Q 30年続けることができた理由はありますか？

A デザイナーからイラストレーターに転身したこともあって、媒
体に合わせてイラストのテイストを変えて提案できることが強
味になっているのかもしれません。クライアントさんにも便利にお使い
いただけているのかなと。

Q フリーランスを続けるうえで大切にしていることは
何ですか？

A 人との関係、「ご縁」を大切にしています。そしてそのご縁が
できたら、対話の中で相手が求めるものを察して、それをどれ
だけ上手く形にできるかというのが大事だと思います。どういうクリエ
イターを目指すかにもよりますが、人との出会いは刺激にもなります。
フリーランスは専門的な技術があるだけでは難しいと感じることもある
ので、これからもご縁を大切にしていきたいです。

　それから、今がしんどいと思っていたとしても「あと一歩頑張ってみ
る」これも大事だと思っています。

Q 何を使ってイラストを描かれていますか?

A Macです。ツールでいうと PhotoshopやIllustratorを使います。ただ、下書きだけはいまだにアナログです。プロジェクトペーパーに鉛筆で下書きを描き、それをパソコンに取り込んでいます。いいかげん下書きもデジタルでやりたいのですが、何かしっくりこなくて紙と鉛筆を使い続けています。デジタルでの下書きは今後の課題でしょうか(笑)

Q イラストレーターの仕事を辞めたいと思ったことはありますか?

A ありません。子どもの頃からとにかく絵を描くのが好きで、漫画家やイラストレーターに憧れていました。自分の実力では無理だとあきらめていた時期もあったのですが、夢がかなって仕事とすることができている今は辞めたいと思うこともありません。

Q 30年の中で仕事に大きな変化はありますか?

A ここ数年、今までとは違う形の仕事をもらえることが増えてきました。普段は雑誌や書籍のイラストを描く仕事が多いのですが、最近は立体など大きなものにイラストを描くということもありました。長く続けていると、その分いろいろな仕事に携わる機会が増えて面白いですね。

いろいろな方のインタビューが聞けて勉強になりました。

そうですね。現在活躍されている人もさまざまな苦労があっての今があること、そしてそれぞれのフリーランス人生を楽しまれているというのを感じました。

僕も改めて、この仕事が好きだからこそ続けていきたいと思いました。そして新たな人との出会いも楽しみたいです。

私も同じです。仕事をしていくうえで人との出会い、そして自分の信念といったものは大切にしていきたいですね。

僕のフリーランス人生は始まったばかり。業界の今後も気になるところです。

クリエイティブの業界は目まぐるしく変化していますね。そのあたりの話は次の章でしていきましょう。

第  章

これからどうなる？
フリーランスの未来

フリーランスは多くの可能性を持つ働き方と言えるでしょう。自由で柔軟な働き方を実現させて、フリーランスライフを楽しみましょう。

10年経つと不思議と 不安も薄れてくる!?

 未来に対して漠然とした不安があります。この先ずっとこの不安を抱えていくのかと思うと少し怖いです。

 誰しも不安になることがあります。その不安に対してどう対処していくかというのが大切です。

何が不安なのか具体的に考えてみよう

　タイトルのように10年経つと不安が薄れるという明確な線引きはもちろんなく、あくまで例えの表現ではありますが、**長く活動をしているとそれなりに多くの「不安を経験」することになる**と思います。ただ、現在の私はというと、不安になることはあるものの、そのことを極端に恐れることはなくなったように思います。たとえばAIがクリエイターにもたらす影響の不安など世間的にはいろいろあるかと思いますが、私自身は、そこまで不安を感じてはいません。「絶対大丈夫」というよりも、「なんとかなる」といったニュアンスに近いものかもしれません。

　人は見たことがないものや、聞いたことがないもの、体験したことがないものなどに漠然と不安や恐怖を抱きやすいものではないでしょうか。そういう意味では、まずは自分が不安だと思う内容を把握してみることが大事だと思っています。

たとえば「未来」の話をすると不安に感じる人は少なくないと思います。当然未来は誰にもわからないし経験もできないので不安になるのは自然なことです。

　しかし、それは結局のところ**「未来」というあまりにも広域なワードからくる不確定要因が強すぎるから**ではないでしょうか。

　いろいろな事を総称してしまっているからこそ、「未来は不安」というイメージになっているかもしれませんが、もっと具体的に考えてみましょう。未来の何に不安を感じているのでしょうか。「仕事を安定して獲得できているかわからない」「健康的に活動できているかわからない」

　仕事や健康など、それらは未来ではなく、現在進行形で考えられる話です。不安を感じるのであれば、思い当たる節があるわけで、それは未来ではなく、もはや今に始まったことでもないですよね。昔からずっと抱えている問題を解決できずにいるので未来までイメージを引っ張っているとも考えられます。

　未来の健康が心配。それはつまり今現在不摂生をしている、よくない生活をしているからこその考え。

　未来に仕事があるか心配。それはつまり今現在のプロジェクトや働き方などが継続できない可能性があるなど、思い当たる節があるからこその考えではないでしょうか。

　つまり**見えない漠然とした存在（不安）**も、このように具体化して考えてみると、**実は昔から同じような不安に何度も触れ合っていて、馴染んでいて、共に歩んでいる可能性が高い**かもしれません。

なぜ10年経つと不安も不思議と薄れてくるのか？

それは172ページで説明した通り、**いくつもの「不安をすでに経験」したことによって、未経験ではなくなっている**です。単にそれに気づくまでに長いキャリアがかかったという話でもあるかもしれません。

そもそもですが、10年も「同じ」不安を感じているようであれば、問題解決の力が乏しく、10年活動を続けられていないとも言えるかもしれません。

不安は人間に必要な生存本能!?

前ページでは不安を薄れさせるテクニックのような私の考えを書きましたが、まったく別の脳科学の角度でも考えてみましょう。

人間は長い歴史の中で多くの進化を遂げてきたわけですが、**脳の最大の役割は「生存本能」**と言われています。脳が人間の思考を司っているわけで、それに応じて筋肉に信号を出して体を動かしています。それに基づくならば、脳は生存を第一に物事を判断したり行動を起こすものと考えられます。

つまり**「不安」を感じることは生存においてとても大事な役割を果たす感情**で、むしろあるべき感情なのかもしれません。しかし現代社会においては不安はストレスやネガティブなものになってしまい、いつしか排除したいものになってしまっているのではないでしょうか。この書籍のテーマとも言える**「フリーランス生存戦略」**はまさに、**不安を感じることこそ、本能的に生存に導いてくれる可能性があるもの**なのかもしれません。

参考：不安、恐怖が起こる脳のメカニズム〜どうやったら治るの？治療法まで〜|働く人の薬に頼らない心療内科・ベスリクリニック東京 (besli.jp)

柔軟な働き方、考え方が
生存戦略のカギ！

 僕たちクリエイティブ系フリーランスはこの先どう変化していくのでしょうか。

未来のことはわかりません。ただ対応する力を身に付けるということは今からでもできますね。

働き方の手段としての変化

　まだまだフリーランスを活用できていない企業はたくさんあると私は感じています。新規事業を立ち上げたいが、社内リソースでは知見を持った人間がいない場合、専門家を雇用するのもいいが、プロジェクト単位で契約できる経験に長けたフリーランスをアサインするほうが何かと都合がいいなどといったケースもあります。

　また地方でも人材不足の問題に悩まされている中でリモートでも貢献できる、あるいは移住などを検討してくれるようなフットワークの軽いフリーランスとうまくマッチングできるかどうかなど、もっともっと新しい働き方が浸透して、時代に合わせて変化していくでしょう。

　私たちフリーランスもいつまでも同じ考えやスキルが通用する存在だとは到底思えません。 よほど希少性などの価値がある技術でない限り、常に柔軟に変化が求められてくることでしょう。

第 ⑥ 章　これからどうなる？　フリーランスの未来

別の章でも記載しましたが、自分で提供できる価値に何かを加えることで活動領域を横に展開するイメージも必要になってくるでしょう。また私が独立したての10年以上前は「個の時代」という言葉が広まっていましたが、これからは「個」では太刀打ちできない時代に差し掛かっているのかもしれません。個ではなく個の塊（チーム）で動くなどといった形状変化も時代に合わせた流れなのでしょう。反面、AIの台頭により、また個でも活躍できる時代になるという考えもあります。

結局のところは？

　結局のところ、**将来のことを聞かれても、正直誰にもわからないの**です。ある程度専門家であればこうなるだろうという道筋は立てれるかもしれませんが、私たち一般人は一年先でさえ見通せません。こんなことを書いてもいいのだろうか？　と不安になりますが、来年も仕事ありますか？　と問われると「わかりません」と答えてしまう自分がいます。

　この話は10年前から同じです。10年前から「来年も生き残れますか？」と聞かれて、「わかりません」と答えていましたから。技術の進化で人がより効率化され生産性が上がり、かと思えばそれによって職を失うこともあるのです。

　詰まるところ、こういった技術革新や社会的環境の変化などの要因は大きいですが、**生存という本質においては、もっと「柔軟に変化できる力」や、「生き抜くことに固執できる力」といったところなのではないでしょうか**。諦めてしまってはそれまでですが、そこに固執があれば手段を変化させていくことでしょう。場合によっては**フリーランスという形態さえも違うと判断して変化することも必要**になるかもしれません。

フリーランスに固執しなくてもいい。
柔軟さこそ武器なのだから

前ページの最後にある「フリーランスという形態さえも違うと判断する」とはどういうことでしょうか？

働き方にはいろいろな選択肢がありますよね。自分の能力を最大限活かせる働き方を探していこうという話です。

会社員になるという選択肢

　私はフリーランス歴10年のタイミングで40歳を迎えました。30歳の独立時に1回目の10年長期目標を作成し、40歳を迎えたときに2回目の10年間の目標を新たに考えたわけですが、ここで30代のときとは少し違った懸念点がありました。それは体力の衰え問題です。もちろん現在もまだまだ走れるくらい元気ですし、怪我も病気もありません。強いていうなら、撮影の翌日は体が疲労で動かないといったくらいです。

　しかし考えてみると、次の10年目標が達成される頃には50歳に近づくわけです。そのときにまだフリーランスでプレイヤーとして走れているのだろうか？　という漠然とした今までとは違った懸念が出てきます。
　懸念とは記載しましたが、前のページで書いた通り、10年も生存できていると、これが不思議と、そんな問題なんとでもなるだろうとポジティブに感じられるわけです。

若いときには知識も経験もないことから来る不安。中高年はキャリア豊富なベテランではあるものの老いから来る不安。どちらも相応にステージが変わっただけで、基本的にはいつだってこういった不安や悩みはついて回るものだと思います。

　話が脱線しましたが、私は老化現象という避けられない現象を加味しながら次の長期目標を考えました。

　それは**「会社員に戻る」**ということです。

　正確にはフリーランスと会社員両方を兼用したハイブリッドな働き方の構築を考えたわけです。もちろんこれが最適解かどうかは現段階ではわからないですが、一つ言えることは私にとってこれまでとは何段階も進化をしたスタイルであるということです。

　老いからくる怪我や病気で働けなくなるのが怖いから会社員になったという意味ではなく、**これまでフリーランスという組織の外側で自分というブランドを経営し、厳しい修行をしてきた成果を組織に帰属させる**ことで、組織に対してどのような現象を起こすことができるのだろうか？　とワクワクしたのがきっかけでした。

　世間的には30歳を超えると転職市場は閉ざされがちで、フリーランスになると後戻りがしにくくなるという印象はあるかもしれません。もちろんある程度年齢が進むと一般的な転職活動というのは難しさを増すことでしょう。多くに見かける出戻り理由で、フリーランスでは売り上げがうまくあげられなかったから、収入の不安定さが嫌になった、などの理由では年齢を重ねるにつれて一筋縄では行かないでしょう。

しかし、この**「会社員出戻り現象」は外でどれほど修行をしてきて、どれほど実績や結果を積み上げられたかによって、年齢のディスアドバンテージを十分に払拭することができる**と思います。

　企業にとってフリーランスという存在は、フットワーク軽くライトに相談できる身近な存在という感覚はあるかもしれません。実際そうですが、それとは別角度で、**新しい事業を始める際などに、社内リソースでは得られにくい専門性や経験値を持った人材を確保しやすいという利点もフリーランスにはある**と思います。つまり、後者のメリットで言うならば、しっかりした実績や経験値を持って社内に還元できることを伝えられたら、中年フリーランスを社員として雇用することを検討してくれる企業もあると言うことです。企業からすると、立派なフリーランスは下手に採用を進めるよりも圧倒的にパフォーマンスがいい掘り出し物と言う感覚はあるかもしれませんね。

会社員とフリーランスを併用することは実際可能なの？

言葉だけで判断するのであればYESです。

しかし副業と本業の関係性と同じで、どのように内容や時間を分けていくのかという部分はとても大事だと思います。

会社員業務をおろそかにして、フリーランス業務ばかりに集中してしまっては会社でのパフォーマンスは下がります。その結果必要とされなくなってしまっては本末転倒です。

私の場合は、会社もフリーランスも「映像制作」業務という一貫性があるので、個人の名前で受託しているプロジェクト（教育関連や執筆関連など）が主にフリーランス、そしてフリーランス時代に築いたクライアントには話を通して会社での受注に切り替えております。こうすることで、会社にも大きく貢献できるし、私がフリーランスでの仕事で実績を上げるほど、会社にとっても「社員にこういう人が存在する」と武器の一つになってくれるわけです。業務に一貫性があるとこういったシナジーを利用できるようになるかもしれないですね。

会社員じゃない選択肢もあります。

フリーランスのまま専属業務契約をして企業に属してインハウスクリエイターとして席を置くというのもよくある話だと思います。

もともと自由な働き方を目指してフリーランスを選択する人は多いと思います。そんな中で**年齢を重ねるにつれて、再び働き方に制限がかかってしまうのではなく、ステージごとに起きる変化に応じてさらに柔軟に働き方を模索する、視野を広げる。こういった生き方を作っていける魅力こそ、フリーランスの醍醐味**とも言えるかもしれません。

クリエイターにとっての
生成AI

現時点でもそうですが、生成AIの脅威に対しては今後どう対応していけばいいでしょうか。

これもポジティブに捉えることができると私は思っています。

目覚ましいAIの進化

　近年のAIの急速な進化には大変驚かされます。

　私たちが普段使っているAdobe製品にも生成AI技術が使われるようになってきていて、テキストでプロンプトを入力することで画像を生成したり、ブラシで塗りつぶしを行うことで切り抜いたり背景を生成したりと、これまで人的に作業をしていてたくさんの時間がかかっていた作業があっという間に完了してしまうわけです。また映像の世界においては、ChatGPTでおなじみのOpenAI社が突如として「Sora」を発表して世界中を驚かせました。この本を執筆している時点ではSoraに関してはデモリールなどしか見れていませんが、テキストベースでプロンプトを入力するだけで、画像ではなく映像が作れてしまうわけです。それも従来のほかのソフトよりも格段にクオリティが高く、何も聞かずに小さなモニターで見ていたら生成AIが作ったとは思えないほどです。

AIは敵なのか味方なのか

　AIが進化を遂げれば遂げるほど、誰しもが一度は脅威と感じるのではないでしょうか。私たちの仕事は将来どうなっていくのかという議論はある意味最高の酒のつまみと感じるほど、あちこちで行われていると思いますが、どの席においても「こうなる」といった結論めいた話に展開したことはありませんでした。

　実は私が独立したての10年近く前のときにも、AIの話というのはありました。AIという言葉よりも、「ディープラーニング」や「自動編集」などという言葉で聞くことが多く、当時でさえ相当なインパクトがあったことを覚えています。そこからわずか数年で誰もが想像し得なかったほど目まぐるしい進化を遂げて生成AIとして注目を集めています。

　果たしてそれらは私たちの敵なのだろうか、味方なのだろうか。

Adobeのインタビュー記事を読んだことがあるのですが、CTOの意見によると、画像生成などの技術は高まっているが、依然としてAdobe Stockのサービス業績は好調らしく、まったくマイナスの影響がなかったそうなのです。**人間が撮ったクオリティの高いプロのストックフォトなどのコンテンツに「ちょっと違う」という購入者の不満要素を生成AIを使ってアレンジできるテクノロジーの組み合わせ**、という形で活用されているのが現状としての主な活用方法なのかもしれません。

　つまり、AIが現段階ではまだ完全にクリエイティブの仕事をなくしているというわけではなく、プロフェッショナルなクリエイターの強力なアシスタントという形で共に歩んでいるというスタンスです。

出典：生成AIとクリエイターはどう共存するのか　アドビが考える透明性と法律
（https://www.watch.impress.co.jp/docs/series/nishida/1539225.html）

 アシスタントと考えるとこれほど心強い味方はいないですね。

現時点ではそのように捉えて、うまく活用している人も多いですね。

生成AIが抱える課題も理解しておこう

　生成AIがより広く市民権を得るためには、リテラシーや法整備など技術以外の部分でもたくさんの課題があることでしょう。権利関係などをめぐっては世界各国それぞれで抗議活動が行われたり、裁判が行われたりしています。生成AIを使ったプロモーションなどの商用利用で炎上に発展しているケースも多数あります。敵なのか味方なのか。それは使い手がどのように自分の仕事に活かすのかによっても大きく変わってくるのだろうと思います。

　私のような一般人には、数年先、いや1年先でさえ予想ができない中で、こんな飛躍したテクノロジーの進化によるクリエイターへの影響など予想できるわけがありません。

　しかし独立当初からステージは違えど似通った状況だったことを考えると、それを乗り越えて活躍し続けてこれているにはそれなりの理由があるはずです。それはこの本に書いてあるようなある種の「人間臭さ」なのかもしれません。

👆 TIPS　クリエイターはAIを活用できる？

　私は映像制作の分野においてAdobeソフトやDaVinci Resolveというソフトなどをよく使用するのですが、両方のソフトにもAIの進化が著しく見受けられます。近年ですと、喋り手の音声をすべて自動で文字起こししてくれてたり、音楽を好みの長さに一瞬でリミックス（尺調整）してくれたりと驚くべき機能が盛りだくさんです。また長いインタビュー素材を文字起こしして、ChatGPTなどに要約してもらうというのも便利な使い方なのかと思います。

フリーランスを楽しもう！
私が10年以上続けてこられたワケ

フリーランスは大変だけど、魅力的な働き方ですよね。
私も楽しみながらフリーランス人生を歩みたいです。

楽しむというマインドはとても大事です。私が10年以上この働き方を選択している理由もそこにあります。

フリーランスに大事な姿勢

　フリーランスになる前は「果たして自分にはやっていけるのだろうか」という不安が付きまとい、なったあとは「いつまでフリーランスで活動できるだろうか」という不安に常に悩まされる。世の中の多くの情報は否定的な部分に強いインパクトがあるため、こういったマイナス要素が目立ちやすいと感じます。心配することは悪いことではないし、心配するなというのも無責任すぎる。しかし**意を決してフリーランスになったからには、全力でフリーランスライフを楽しむ姿勢こそ大事にしたい**ものです。今思うと、私も最初の数年は幾度となく不安に押しつぶされそうなときがありました。独立当時はフリーランスクリエイターの人口が圧倒的に少なく、先輩やメンターの存在がない中で、自分で試行錯誤して未来を切り開いていかなければ生き残れないというハードルがあったからだと感じています。

第 ⑥ 章　これからどうなる？　フリーランスの未来

しかし現在は時代も変わり、多くの先人が前を歩いてくれている状況です。世の中のフリーランスに対する理解も明るくなっており、ポジティブになりやすい要素が増えているのではないでしょうか。

（楽しさを感じよう！）

なぜ皆さんはフリーランスを目指すのでしょうか。あるいはフリーランスになったのでしょうか。いつの間にか忙しさや大変さに疲弊してしまい、フリーランスになった頃の初心を忘れてしまっていませんか？

収入を上げたいという理由でなった人は、プロジェクトをたくさんこなすことで、やればやるだけゲームのように収入が上がる楽しさを改めて感じてみて欲しいです。その先に何か大きな買い物をしてもいいかもしれませんね。

自由な働き方を目指した人は、ロケーションを変えて仕事をしてみたり、旅に出ながら仕事をしてみるのも素敵ですよね。行ったことのない綺麗な海辺や田舎の素敵な旅館に泊まりながら自由に制作をしてみたらどうでしょうか。海外を転々としながら活動する、なんてとても憧れますね。

このように初心を忘れずに、**そのときに描いていた理想にもっと貪欲になるべきだと思うんです。なぜならこれらはフリーランスだからこそ叶えられること**でもあるわけですから。

子供の頃は無邪気に自由奔放に遊べますが、大人になると全力で遊ぶことさえ難しくなってきます。さまざまな知識や先を見通す力がついてしまい、いつでもブレーキを踏めるように自分自身を制御してしまうんですね。フリーランスも同じだと思います。

独立前は理想を並べていたかもしれませんが、この世界に入ってみると、いつしかいろいろな情報や要因から「理想と現実」の区分けのブレーキをかけてしまいがちです。それはある種の危機管理能力とも言えるかもしれませんが、どちらかというと子供のようにはしゃいだり、無邪気に理想をいつまでも追いかけて活動しているフリーランスや経営者のほうが、成功しているケースが多いように思います。「理想と現実」と切り分けて諦めるのではなく**「理想を実現」に変えていける力があることこそ、フリーランスの魅力**ではないでしょうか。

構想よりも行動

この書籍の中で紹介している数多くのことを実行してきたことが、継続につながってきたということは言うまでもないですが、もう少し角度を変えて、私のモットーや信念みたいな部分について紹介します。

まず、私が10年以上続けてこられた理由の一つには**「構想よりも行動」**と言うものがあります。構想を練ることは誰にでもできますが、それを行動に移すというステージになった瞬間に難易度が高くなるように感じます。0から一歩歩み出すのはとてつもなくエネルギーが必要なことです。しかし2歩3歩と歩みを進めると、少しずつエネルギーが増大して加速してくれます。大事なのはこの一歩目を踏み出せるかどうかです。

さらには、「一歩目を歩み出さなければいけない」と言う強制力を付けるために、とにかく構想などをSNS、あるいは身の回りの人に宣言してみましょう。もし私が一歩目を踏み出さなかったらたちまち「口だけの人」とレッテルが貼られてしまうので、強制力を付ける方法としておすすめです。

常に提案

　次に私が普段から意識していることは**「常に提案」**ということです。

　何事においてもこちらから常にさまざまな提案を出さないことには、話が始まらないものです。こちらから提案をしない場合は、基本的に「相手待ち」の状態になってしまいます。そうなることを避けるためにも、**いつでも気づいたことがあればメモをしておいて、クライアント、あるいは仲間に提案をする癖をつけて**います。普段から提案癖がつくととても強力な武器にもなってくれることでしょう。

　突然相談事が舞い込んできたとしても、普段から企画や提案を考えていると、即座に「こうしてみてはいかがでしょうか？」と圧倒的な瞬発力を持って対応をすることができるようになります。この初速の速さはプロジェクトの受注確度を大きく高めてもくれます。クライアントや関係者、仲間に対しても「この人に相談すればいつもアイデアが出てくるから間違いない」と絶大な信頼も得られるようになることでしょう。

失敗こそ成功への一歩

これは多方面で聞くことがある話かもしれませんが、とにかく失敗を恐れないことです。言い換えるなら、失敗なくして成功はあり得ないと思っています。「行動してみたけど上手くいかなかった」と落ち込んで終わるのではなく、**「成功のためにはあと5回失敗する必要がある」と、失敗を成功へのスタンプラリーのように考える**のはどうでしょうか。一度失敗したら「おめでとう」と言えるくらいの気持ちでいると失敗が怖くなくなる、私はそういったマインドで乗り切るようにしています。

ゲーム感覚で楽しむ

ほかにも働くうえでいろいろと大事にしていることはありますが、総じて言えることは、**「ゲーム感覚でフリーランスライフを楽しんでいる」**ということです。「そろそろ武器が劣化してきたから買い替えないとこの先のダンジョンのボスを倒せないぞ」とか、「このまま疲弊した状態でさらに毒までもらったらHPがゼロになってしまう」とか、「パーティを増やさないと攻略ができない」などといった具合に、まるで自分がゲームの勇者であるかのように、いろいろなシチュエーションを楽しんでいます。

フリーランスは確かに大変なのは間違いないと思います。収入が不安定な人も多いでしょう。それでもフリーランスに憧れてなりたくてなったわけですから、**いかに楽しめていかにポジティブに過ごせるか、ここの方法を全力で模索する**ことをおすすめします。クライアントも仲間も、絶対に楽しい雰囲気の人と一緒に活動したいですよね。

そしてこれからフリーランスを目指すという人も同じです。なぜフリーランスになることを決めたのかという動機を忘れずに、いつまでも理想を追い続ける姿勢を大事にしていきましょう。

おわりに

　最後まで読んでいただきありがとうございます。

　この本を読み進めていく中で、「それは違うと思う」「私はこう思う」などといった声があるかもしれません。しかし私は、もちろんそういった声があって当然だと思ってこの本を書いてきました。この本を読んだフリーランスの方、あるいはフリーランスを目指している方の職種はさまざまで、それぞれに違った状況が想定できるからです。もちろんクリエイティブワーク同様、1+1=2のように正解があるものではないから、ということも理由の一つです。

　私が書き進める中で大事にしてきた部分。それは、とにかく一つでも多くの気づきを読者の皆様に提供するということです。とにかく考えるべきポイントを一つでも多く提供できたら、この本の役目は十分に果たせているのではないかと考えています。

　フリーランスになるということは相応に覚悟が必要なことだと思います。フリーランスになって何も成し遂げることができず、ただただ年齢だけを重ねてしまったら、会社員へはなかなか戻れないかもしれません。

　しかし多くの失敗や経験こそが成し遂げるべきことであって、その先に大きな成長や楽しさがあるはずです。その成長や楽しさを積み重ねることができたフリーランスは、きっといつだってどんなときも、自分の力で未来を切り開いていけると信じています。

　そのアクションのきっかけに、この書籍が1mmでも役に立っていたらとても嬉しく感じます。

金泉太一

著者

金泉太一（かないずみ・たいち）

ビデオグラファー。Cross Effects 主宰。企業VPやMVなど多岐分野で撮影編集をワンストップ制作。DaVinci Resolveオフィシャル認定トレーナー。大学卒業後、カナダのトロントでダンサーとして活動をし、いくつかのMVや多数のイベントに出演。帰国後は広告代理店にて海外事業や飲食、アミューズメント系のセールスプロモーションを担当。故郷の東日本大震災被災後、ビデオグラファーとして独立。映像制作の、「出演する側」「依頼する側」「制作する側」の三側面を経験したからこそできる、ワンストップ制作を得意とする。著書に『Premiere Pro よくばり入門』『DaVinci Resolve よくばり入門 18 対応』（インプレス刊）がある。

STAFF

ブックデザイン	沢田幸平（happeace）
カバー・本文イラスト	ハザマチヒロ
DTP制作	町田有美
校正	株式会社トップスタジオ
制作協力	池田　圭
	オオイシケンシロウ
	小菅達矢
	西小路瑶子
	原田　香
デザイン制作室	今津幸弘
制作担当デスク	柏倉真理子
編集	浦上諒子
編集長	藤原泰之

■商品に関する問い合わせ先

このたびは弊社商品をご購入いただきありがとうございます。本書の内容などに関するお問い合わせは、下記のURL
または二次元バーコードにある問い合わせフォームからお送りください。

https://book.impress.co.jp/info/

上記フォームがご利用いただけない場合のメールでの問い合わせ先

info@impress.co.jp

※お問い合わせの際は、書名、ISBN、お名前、お電話番号、メールアドレス に加えて、「該当するページ」と「具体的な
ご質問内容」「お使いの動作環境」を必ずご明記ください。なお、本書の範囲を超えるご質問にはお答えできないの
でご了承ください。

● 電話やFAX でのご質問には対応しておりません。また、封書でのお問い合わせは回答までに日数をいただく場合があり
ます。あらかじめご了承ください。

● インプレスブックスの本書情報ページ　https://book.impress.co.jp/books/1123101152 では、本書のサポート
情報や正誤表・訂正情報などを提供しています。あわせてご確認ください。

● 本書の奥付に記載されている初版発行日から3年が経過した場合、もしくは本書で紹介している製品やサービスについ
て提供会社によるサポートが終了した場合はご質問にお答えできない場合があります。

■ 落丁・乱丁本などの問い合わせ先

　　FAX　03-6837-5023

　　service@impress.co.jp

　　※古書店で購入された商品はお取り替えできません。

クリエイターのためのフリーランスハック

2024年6月11日　初版発行

著者	金泉太一
発行人	高橋隆志
編集人	藤井貴志
発行所	株式会社インプレス
	〒101-0051　東京都千代田区神田神保町一丁目105番地
	ホームページ　https://book.impress.co.jp/

印刷所　株式会社 暁印刷
ISBN978-4-295-01906-0　C0030
Printed in Japan